必然としての
サーキュラー
ビジネス

「利益」と「環境」を
両立させる究極のSX

PwC Japanグループ
磯貝友紀

日経BP

目次

第3章 必ず押さえておきたいSXの未来トレンド

第4章 サーキュラー化への五つのステップ

第5章

業界別に見るサーキュラーフレームワーク

第6章
先進企業経営者に聞くサーキュラー経営への道

はじめに

地球の限界の中で成長を目指す

2022年の4月に、『2030年のSX戦略』を発刊してから、2年たった。この2年でサステナビリティ・トランスフォーメーション（SX）を語らない大企業はなくなり、サステナビリティ経営は主流化しつつある。しかし一方で、サステナビリティが企業の成長ストーリーに結びついておらず、相変わらず、どのようにサステナビリティが収益や成長につながるのか、具体的にイメージできていない人も多いのではないかと感じている。

SXに着手した企業は、自社のマテリアリティ（重要課題）を特定したり、価値創造ストーリーを描いて、実現に向けて動いたりしている。しかし、本当の意味で、価値創造ストーリーと事業戦略の中にサステナビリティを組み込み、事業活動そのものとしている企業は、残念ながらまだ少ない。

そのギャップを埋めることが、本書執筆の最大の動機だ。本当に成長ストーリーに結びつくようなサステナビリティ経営を、日本企業が実装し、ドライブしていくためにはどうしたらいいか、読者の皆さんとぜひ共有したいと思っている。

前著から2年の間に、私たちも知見を深め、思いを新たにしたことがある。特に、大きな刺激になったのは、欧州とアジアを視察し、SXを積極的に進めている企業の進化のスピードを、久しぶりに、実際に肌で感じたことだった。

コロナが明け、2023年5月にオランダとデンマークのサステナビリティを積極的に推進している企業を視察し[(注1)]、同年10月には、ASEAN4カ国（マレーシア、インドネシア、シンガポール、タイ）の主にサーキュラーエコノミーに関係する50以上の企業や団体を訪問した。

これらの経験を通じて、確信したことがある。それは、今後のサステナビリティ経営のキーワードは、「人間中心主義」と「サーキュラーエコノミー（循環型経済）」だということだ。この二つのキーワードを軸に、再度、あなたの会社で取り組んでいるサステナビリティ経営を見直し、再構築するためのフレームワークを提供することが、本書を執筆した目的だ。

サステナビリティと聞くと、多くの人は、「何かを我慢しなければならない」「〇〇してはいけない」といった禁欲的なイメージを抱きがちだ。だが、それはサステナビリティの真の姿ではない。

欧州でサステナビリティを積極的に進めている企業の幹部たちと話していて強く感じるのは、彼らの「人間中心主義」の視点だ。すべての人が豊かに、幸せに、便利に暮らせるようにするという目的を、地球の限界の範囲内でどう実現できるか。それに対してビジネスが果たすことのできる役割を彼らは追い求めている。つまり、主役である人間が我慢を強いられるのではなく、「地球の限界の範囲内」という条件付きで、人間が欲望を追求することをよしとしているのだ。

もちろん、そのためには、ビジネスのやり方を大きく変える必要がある。その解決方法として、限られた資源の採取や排出を最小限に抑える「サーキュラーエコノミー」が鍵となってくる。いや、環境・社会と経済成長を両立させるには「サーキュラーエコノミー」しか道はない、と著者は言いたい。

残念ながら、サーキュラーエコノミーを廃棄物リサイクルのことだと誤解している人が少なくない。もちろんリサイクルは重要だが、それはほんの一部分にすぎない。サーキュラー化を実現していくためには、原材料生産における環境負荷低減、製品の長寿命化やリサイクルを考慮した企画・設計から、アズ・ア・サービス化（製品機能のサービス化）を含めたビジネスモデルの変革、アフターサービスや修理・部品交換・回収など顧客との接点強化、廃棄物の再資源化などでの静脈産業との連携、業界他社との協業などさまざまな施策が必要となってくる。サーキュラー化というのは、バリューチェーンの上流から下流までその全体にわたって変革が求められる非常にスケールが大きい話なのだ。

さらに本書では、サーキュラー化をより広義に、金属やプラスチックなどの素材の循環だけではなく、炭素（C）や、自然（食糧）の循環も含む概念として提唱したい。

環境問題とビジネスの本質的関係を理解する

他方、この2年の間に、生物多様性条約の締約国会議（COP）での生物多様性枠組やTNFD（自然関連財務情報開示タスクフォース）のガイダンスが発表され、世界では生物多様性に対する関心が急速に高まっている。日本では、CO_2削減や気候変動ばかりに関心が集まりがちだったが、それらと同等かそれ以上に重要な環境課題にようやくスポットが当たるようになった。

しかし、日本企業の反応は複雑だ。「CO_2削減だけでも大変なのに、生物多様性まで手が回らない」「CSRD（EU企業サステナビリティ報告指令）や開示の要求など、欧州のせいでやることが増える一方だ」との不満もたくさん聞こえてくる。

主に欧米からやって来るこうした要請の一つひとつに対して、その都度対応するのは確かに大変だろう。だが、大変なのは、課題に対してばらばらに対応しているからだ。実は、今問題になっている気候変動やCO_2排出、資源の枯渇、生物多様性の喪失、水問題などの環境課題は、**「採取と拡散」**というレンズを通すと、すべて一つのフレームワークで整理できる。このフレームワークこそ本書の核だ。

後ほど詳しく説明するが、このフレームワークを使ってさまざまな課題を整理すると、CO_2排出、資源枯渇、生物多様性喪失など、これまでばらばらだと思っていた事象が背後でつながり合っていて、自分たちの会社はその中でどんなポジションにいるのか、今後どんな役割を果たすことができそうか、あるいは、どんなポジションに移動したいかなどが、大きな絵として見えてくる。だから、新たな環境規制の話が出てきても、右往左往する必要がない。

このフレームワークでは、自分の会社の事業だけでなく、原材料となる資源の採掘から廃棄後のリサイクルまで、サプライチェーンの始点から終点までのすべてを一つの図に示している。そして何より大事なのは、この図を見ながら、「サーキュラーエコノミー」化をどう実現できるか、構想をめぐらせることが可能なことだ。

本書では、このフレームワークを業界ごとに提示し、欧州の最新の企業事例も紹介しつつ、人間中心のサステナブルな成長ビジネスとサーキュラーエコノミーの実現方法を考えていく。すでに、欧州でサステナビリティを積極的に進めている企業の一部は、まだ部分的ではあるがサーキュラーエコノミーの考え方を事業戦略に取り入れ、ビジネスモデルを変革し、優位性を生み出そうとしている。

なぜなら彼らは、サーキュラーエコノミーがこれからの企業経営の必然となる、と考えているからだ。地球環境が限界を迎えている今、中長期的に見れば、天然資源の新たな採取（石油や鉱物の発掘だけでなく、森林伐採による耕作地化なども含む）は先細りにせざるを得ず、最小限に抑える必要がある。一方で、世界の人口は増加し続けており、経済成長が必要な国もまだまだ多く、食料を含めた原材料の需要は増加し続ける見込みだ。この状況が行き着く先は、食料を含めた資源の争奪戦だ。現在、当たり前のように手に入っている資源が希少化し、なかなか入手できなくなる世界が口を開けて待っている。

その暗黒の世界に巻き込まれないためには、バリューチェーンのループを閉じる必要がある。つまり、一回採取した資源（原材料だけでなく、製品製造時に使用したエネルギーや水、排出したガスなども含む）を可能な限り回収して、再度原材料などに利用してぐるぐる回していくしかないということだ。

サーキュラーエコノミー化は、環境課題の解決というディフェンシブな面だけでなく、ビジネスチャンスの創出や競争優位性の確立という攻めの経営にも役立つ。本書では、先進事例とともにそのためのフレームワークと具体的な活用法を示す。

ＡＳＥＡＮとの関係再考のすすめ

これから日本企業が目指すべきは、サステナビリティ課題の解決と成長の両立であり、「人間中心主義」と「サーキュラーエコノミー」がその鍵を握ると述べたが、もう一つ重要な視点がある。それは、成長をどの場所で実現していくか、という視点だ。少子高齢化が進む日本では、国内市場の成長は見込みにくい。そこで、私たちが注目しているのがＡＳＥＡＮの国々だ（具体的には、インドネシア、ベトナム、マレーシア、タイ、フィリピン、シンガポール、カンボジア、ブルネイ、ラオス、ミャンマー）。

今後、ＡＳＥＡＮに経済成長の大きなポテンシャルがあることは誰もが認めるところだが、現在の先進国がたどってきた道と同じように、化石燃料などの資源を湯水のように使うことは、現在の地球環境を考えると想定しにくい。しかし、経済成長には、資源もエネルギーも必要だ。そのギャップにこそ、日本企業にとって莫大なビジネスチャンスが埋もれている。

ＰｗＣの調査によると、アジアの人々は、日本よりもサステナビリティに関する意識が高いことがわかっている。(注2) こうした国々では、大気汚染やプラスチックなどのごみ問題に直面しており、それらがドライバーになってサステナビリティの意識が高まっているからだ。ちなみに、海洋へのプラスチック排出量の約55％はＡＳＥＡＮ由来であり、中でもフィリピンは約36％を占める。インド、中国、バングラデシュも排出量が多い。(注3) 経済成長さえ果たせれば、国や街がゴミやプラスチック廃棄物であふれかえっても仕方ないと考えている人は、ほとんどいないだろう。こうした身近な生活環境における問題が、アジアの人々の高いサステナビリティ意識の背景にあるのだ。

日本にとってＡＳＥＡＮは、攻略すべき成長市場であると同時に、サプライチェーンの重要拠点だ。アジアは世界の市場に投入される製品や部品をつくる一大拠点（世界の工場）である一方、サプライチェーンの上流で先進国企業の代わりにCO_2を排出し、先進国から大量の廃棄物の輸入を受け入れているという点でいわば「世界のゴミ箱」でもある。もし、日本企業がこの地において、サーキュラーエコノミーの発想でバリューチェーンを改革し、採取と拡散を最小限に抑えるための事業構造を築き、排出された二酸化炭素や水、廃棄物を資源として再利用する仕組みを整え、ループを閉じることができれば、ＡＳＥＡＮの経済成長を取り込めるだけでなく、新たな経済成長のあり方、すなわち「サステナブル成長」のあり方を世界に示すことができるだろう。そして、それは地域や世界のCO_2削減やプラスチック問題などの解決に大きく貢献することにもつながるのだ。

２０２３年のＡＳＥＡＮ訪問で強く感じたのは、中国やシンガポールのマネーが、この新しいサステナブル市場に急激な勢いで流れ込んできていることだった。残念ながら、日本は出遅れているが、決して手遅れではない。これまで日本企業が築いてきたビジネス基盤を生かして、ＡＳＥＡＮとともに成長し、成長の果実を分け合うモデルをつくっていくことが、日本企業の成長ストーリーになり得るのではないかと考えている。

第1章

倫理資本主義の時代がやって来た

倫理資本主義とは何か？

すべての人が豊かに、幸せに、便利に暮らせるようにするという目的を、地球の限界の範囲内でどう実現できるか。持続可能なビジネスを検討するに当たり、企業の利益創出と「倫理」を合わせて考える「倫理資本主義」に近年注目が集まっている。

資本主義は世界を豊かにした反面、格差や不平等の拡大などさまざまな弊害を生み出しているのは周知の通りだ。サステナビリティの話をすると、そもそも資本主義が悪い、持続可能な成長など諦め「脱成長」を目指すべきだ、といった議論が必ず起きてくる。

2022年に出版した『2030年のSX戦略』でも主張したように、それに対する著者の立場はこうだ。確かに資本主義は、富を生み出すとともに、多くの課題も生み出してきた。しかし、それは資本主義自体が悪いからではなく、資本主義という「富を生み出す仕組み」の利用の仕方が適切でなかったからだ。私たちは、「適切な成長」を実現させるための仕組みとして、資本主義を適切に機能させるように修正しなくてはならない。(注1)

そして、今話題になっている「倫理資本主義」の考え方は、資本主義を修正していく上で大いに参考になるものであり、資本主義のもとで持続可能な成長を目指す企業も、ぜひ理解しておく必要がある。サステナビリティ経営との親和性も高く、SXを実践するうえで倫理資本主義を経営に取り入れることを考慮してもよいだろう。

そこで、企業のサーキュラー戦略を語る前に、「倫理資本主義」について概略を解説し、サステナビリティ経営との関係について整理しておこう。

なぜ「倫理」が必要なのか――情けは人のためならず

現代社会が抱えている課題は、地球温暖化や生物多様性喪失などの「環境課題」と、差別や人権問題などの「社会課題」の大きく二つに分けられる。著者たちは、サステナビリティ経営を説明する際に、この二つの課題と「経済」の関係を示した図をよく使っている（図表1・1）。一番下が親亀、その上に乗っているのが子亀、一番上が孫亀だ。それぞれの亀が、環境（親亀）、社会（子亀）、経済（孫亀）を示している。

「環境」「社会」「経済」はそれぞれ独立した三つの概念ではなく、三重構造になっている。環境なくして社会なし、社会なくして経済なし、つまり、土台である「親亀（環境）」がこけたら、「子亀（社会）」も「孫亀（経済）」も皆こけてしまう。

この構造を頭に入れたうえでこれまでの経済活動を振り返ると、「孫亀（経済）」は自らの目標を達成するために「親亀」や「子亀」を傷つけながらどんどん成長を続け、結果的に親亀とともにこけそうになっている、つまり、「自分で自分の首を絞める」活動をしてきたといえる。

「親亀」と「子亀」は、「孫亀」に傷つけられても必死に耐えてきたが、それには限度というものがある。土台が崩れたら、経済活動（孫亀）自身が成り立たなくなる。つまり、経済活動は「環境」

図表1・1　環境・社会・経済の関係——親亀こければ皆こける

出所：PwC作成

と「社会」の持続を前提としていて、持続を妨げる活動はやめなければならない。環境や社会のために行動する、すなわち、倫理的な行動をすることは、結局めぐりめぐって自分自身のためであるということだ。日本にも古くから、「情けは人のためならず」というありがたい格言がある。困っているときに相手を助けるのは、その人のためであるだけでなく、やがてはめぐりめぐって最終的には自分の報いとなって戻ってくる。つまり、倫理的な行動は、最後には企業価値に跳ね返ってくる。倫理資本主義には、そうした理解が根底に存在するのだ。

因果関係が解明できないとき、倫理が道しるべになる

自社のビジネスが環境と社会にどのような影響を与えているのか、それがめぐりめぐってどのように自分たちに返ってくるのか。その因果の経路（パス）を

ＰｗＣでは「インパクトパス」と呼んでいる（インパクトパスは『ＳＸの時代』と『２０３０年のＳＸ戦略』で詳しく紹介している）。

インパクトパスには、「①自社の活動が外部の環境・社会にどのような影響を与えるかを考えるパス」と、「②負の影響を断ち切ろうとする自社の活動が、自社の財務（コスト、収益、機会損失）にどのような影響を与えるかを考えるパス」がある。

一般的に企業は、自社の財務や業績への影響には関心が高いが、財務や業績に関係があるのかどうかわからない環境・社会の問題には深く関与したがらない。そこで、インパクトパスによって、環境・社会に及ぼす影響が、めぐりめぐって財務にどんな影響を及ぼすのか、その因果関係（①と②をつなぐ経路）をインパクトパスによって見える化すると、財務を改善するためという動機が生まれ、環境・社会課題の解決に取り組みやすくなる。例えば、公害問題では、工場から有害物質を垂れ流した結果、周辺住民からの苦情が相次ぎ、不買運動やメディア報道で企業の評判が落ち、売上減少や株価下落につながるというパスを描くことができる。

しかし、インパクトパスにも欠点がある。有害物質の垂れ流しといったケースのように、①と②の因果関係が比較的単純な場合はパスを描きやすいが、気候変動や生態系喪失といったテーマでパスを描こうとすると、因果の連鎖はさまざまな領域にまたがってどんどん枝分かれして長くなる。しかも、科学的に因果関係が解明できていない事象も少なくない。因果関係が複雑になればなるほど影響を金銭に換算するのも難しくなり、財務への影響がわかりにくくなる。

そのとき、道しるべになるのが、「倫理」だ。倫理とは、「人として守り行うべき道」「すべての人が価値あるものと大切にしているもの」であり、道徳やモラルも倫理と同義だ。現在の資本主義は利益を追求するあまり、格差や貧困など深刻な弊害を引き起こしており、資本主義のシステム自体が機能不全を起こしているとの批判も少なくない。

資本主義に何らかの軌道修正が必要なことは、誰もが認めるところだろう。その有力な方向性として、今注目を集めているのが、ドイツの哲学者、マルクス・ガブリエル氏が提唱する倫理資本主義だ。

倫理的な企業行動は、社会に歓迎されるだけでなく、企業にも利益をもたらしやすい。なぜなら、倫理とは「文化圏によって異なることのない普遍的な価値」(注2)であり、その価値を提供できる企業は、万人に求められるからだ。

19世紀以降、絶対的相対主義が哲学界を席巻し、絶対的真、絶対的善が存在しないとの考え方が主流となり、西洋哲学においては、「人として守り行うべき道」「すべての人が価値あるものと大切にしているもの」について語ること自体ができなくなっていった。しかし、倫理資本主義を提唱するマルクス・ガブリエル氏は「倫理」の復権を試みる。「ある」とは何か、を徹底的に論じたのちに、(注3)人類共通の倫理は「ある」と結論付ける。(注4)そのうえで、効率や利益を重視した米国型の資本主義ではなく、経済活動のなかに人類普遍の道徳や倫理性、哲学を織り込んでいこうというのが、マルクス氏の倫理資本主義の考え方だ。(マルクス氏は相対主義の立場を理解したうえで、倫理に「普遍的価値がある」と主張している)。

新型コロナウイルスがパンデミックを引き起こしたとき、製薬会社は感染を予防するワクチンをかつてないスピードで開発・生産し、世界に広く供給した。これは、非常に倫理的な事業活動であり、ワクチンを開発した製薬企業は莫大な利益を手にした。このように、企業の活動が倫理的であれば、社会に貢献できるだけでなく大きな利益を上げることもできるというのが、倫理資本主義の特筆すべき点だ。

環境・社会課題のなかで自社のやるべきことを考えるとき、因果のパスを正確に追うことができなくても、「倫理的であること」が重要な道しるべになる。「倫理的」な企業が社会から信頼され、持続的に利益を上げて繁栄していく。

実際、私たちが2023年に訪問した欧州企業はすべて、「倫理的であること」を志向しており、しかも彼らは「倫理的であることは合理的であり、合理的であるということは、儲かることだ」と主張する。すなわち、「倫理的である」ということは、「すべての人にとって正しいこと＝合理的なこと」を志向することであり、「すべての人にとって正しいこと＝合理的なこと＝価値のあること」を提供することは、「その価値に対する対価が発生する＝儲かる」ということだ。

これは「環境・社会に良いことをすれば、何をしても儲かる」ということではない。環境・社会に良いことをしても儲からないこともある。この点は強く強調したい。しかし、「環境・社会に悪いという選択肢は、非倫理的」であり、そのような選択をすることは長期的に儲からない。

『ＳＸの時代』でも紹介したオランダの化学メーカーＤＳＭの幹部は、「『環境・社会に悪いが、短期的に儲けられる事業』は長期的利益に結びつかない。（中略）我々のケイパビリティでスーパーのレジ袋をつくることも、植物由来の代替肉用原料をつくることもできた。ケイパビリティを活かせる点では同じだが、仮にレジ袋のほうが短期的に儲かったとしても、DSMでは『レジ袋の事業をやろう』という議論にはならない」(注5)と明言する。

正しい利益を追いかけることは、長期的に儲かることにつながる。企業はどうしても、目の前の利益追求に誘惑されそうになるが、本当に長期的な価値を生み出し続けられるか迷ったとき、その試金石になるのが「倫理」であり、倫理に従って今後の戦略を考えていけば、その先にあるサステナビリティ経営や後に述べるサーキュラー経営におのずと行き着く。

コラム

日本のビジネスパーソンはもっとわがままでいい

2023年5月、私は毎年実施していた欧州企業の視察を4年ぶりに再開し、オランダ、デンマークのサステナビリティ先進企業8社を訪れた。

久しぶりの訪問だったが、あらためて欧州のサステナビリティに対する熱量の大きさを感じた。何しろ、ビッグピクチャーを持ったプロデューサーがたくさんいる。企業経営者だけでなく、社員やNGOなどで働く人も含め、そういう人たちが社会のあちこちにいて、互いにつながり合い、サステナビリティに関するさまざまなプロジェクトをプロデュースしている。

彼らの特徴は、非常に合理的で失敗を恐れず、しかも楽しんで仕事に取り組んでいる。

クリティカルマインドを持っていて、従来のやり方や業界の慣習にとらわれない。目先の利益ではなく、高い次元での目的を実現したいという強い思いを持って、物事を変革していこうとしている。

こう書くと褒めすぎかもしれないが、サステナビリティに関して「仕方なくやる」的な動きが目立つ日本企業の現状と比較すると、これくらいのコントラストがあってもいいのかなと思う。一方はビッグピクチャーを持って楽しみながら変革に取り組み、一方は受動的、義務的に最低限のことで済ませようと立ち回る。この差はどこから生まれるのかを自分の経験に照らして考えてみた。

私は2002年から2006年にかけてオランダで暮らしていたが、現地の企業の間では「The happiest workers are the most efficient workers（最も幸せな労働者が最も効率的に働いてくれる労働者）」ということが、当たり前のように言われていた。不満タラタラの労働者よりも、メンタルが充実した労働者のほうが会社のためによく働いてくれるというのは、考えてみれば当然のことだ。労働者は疲れていたり、不安を抱えていたりしたらミスをする。人間はミスをするのは当たり前だと皆が考えている。それを踏まえて、「経営者の役割は何か？」と問われれば、答えは「労働者をハピエストにすること」だ、そうすれば労働者はミスを犯さず、効率的に働いてくれ、企業の生産性もおのずと高まっていく。

では、労働者のハピエストとは何か？　自分の家族と過ごしたい、ライフワークバランスを保ちたいなどいろいろなハピネスがあるが、オランダの多くの人たちはそういう個人の思い、欲求をすごく大事にしていて、声に出してちゃんと主張する。

その結果、何が起きたか。1980年代前半、オランダと日本の一人当たりGDPはほぼ同じ水準だったが、現在、オランダは日本の約1・5倍になっている。一日当たりの労働時間は10%以上短く、労働時間当たりの生産性は1・6倍になっている。これだけの大差がついた理由は、オランダの各産業で機械化や自動化が強力に押し進められたからだ。

例えば、当時から世界有数の貿易港だったロッテルダム港では、すごい勢いで機械化、自動化が進んだ。人がやっていた作業を自動化すると、「機械に仕事を奪われる」「求人が減る」という理由で機械化に対して反対運動が起きる国もあるが、オランダでは反対の声はほとんど上がらず、逆に、働く時間が減り、給料は以前と変わらないと、労働者たちは喜んだ。

首都アムステルダムには世界最大の花市場であるアールスメール花市場があるが、そこでも自動化、IT化が進んでいて、現在でも、世界各国の花卉取引関係者が大勢見学に訪れる。花卉取引はスピードが大事であり、競りにも電子システムがいち早く導入され、スピーディに取引された花は、EU圏内では24時間以内、EU圏外では48時間以内に店頭に並ぶ。とにかく効率的だ。どうしてIT化、自動化が進んだかというと、労働者たちから「労働時間を減らして幸せに過ごしたい」「ミスが起きたり、生産性が悪かったりするのは労働者のせいではなく、労働者が最も生産的に働ける労働環境をつくれない経営者の責任だ」という声が非常に強く、企業がそれに対応したからだ。もし、要求に応えなければ、ミスが続出し、人材が流出する。企業は存続が危うくなっていただろう。

翻って日本はどうだったかというと、労働者が非常に忍耐強く、上から言われたことを勘と経験と人力を使ってすべて正確にこなした。だから、経営者は、自動化やＩＴ化などの改革をしなくてもよかった。その代わり、労働生産性は低いまま改善しなかった。従順で、質の高い労働者のうえに、経営者があぐらをかいていたという側面がある。日本の時間当たり労働生産性は、ＯＥＣＤ加盟38カ国中30位（２０２２年）というのもうなずける。ちなみに、オランダは12位だ。(注6) オランダでは、労働者の幸福をどうしたら達成できるかが企業経営の関心事になっているため、下の人たちの声が上に届きやすい。そうやって、生産性の高い高効率の経営体質がつくられてきたのではないかと思う。

また、自社の事業が環境に大きな負荷をかけていれば、それに対する強い不満が社内から噴出する。オランダを含め欧州の労働者は、自分の思いを素直に声に出して主張する。経営者はそうした要求にしっかり応えていかないと、従業員がどんどん辞めていき、ＮＧＯなどから袋叩きに遭う。

歴史的な経緯や文化的な背景も異なるので、オランダや欧州が優れていて日本はダメだと一方的に主張するつもりはない。日本人や日本企業のほうがオランダや欧州よりも優れている点は多数あるが、サステナビリティ経営に関しては、日本はオランダや欧州から学ぶべき立場にあると思う。

今の話から日本企業が教訓を得るとすれば、経営者であれば、The happiest workers

are the most efficient workersにもっと徹底して取り組むということだろう。そのためには、従業員の欠点を見る減点主義ではなく、長所を伸ばし、失敗を前向きに評価する仕組みが必要だ。イノベーションを起こすためには、失敗の経験は欠かせない。失敗のないところにイノベーションは絶対に起きない。

ある欧州企業の幹部は、人事評価の際に「失敗の数が少ないと、チャレンジの意欲が下がっていると見なす」という。成功するかどうかわからないチャレンジングな目標を掲げてトライ・アンド・エラーを繰り返していかないと、地球温暖化や格差問題など、今、人類が抱えている深刻な問題を解決できるわけがない。現在の延長線上で達成できそうなことばかりを目標に掲げたり、去年と同じことを繰り返したりしている人は、当然のことながら評価されない。

従業員にとっての教訓は、「あなたはもっと自分のハピネスを追求していい」ということだろう。自社の事業で理不尽に思ったこと、非合理的だと思ったこと、矛盾を感じたことがあれば、どんどん声を上げていくべきだ（そういう声を拾い上げられない会社は、いずれ衰退していくだろうから、転職を考えたほうがいいかもしれない）。自分がハッピーな状態というのは、利己的なわがままからスタートしてもいいが、ハッピーな状態とは何かを突き詰めていくと、最終的には個人だけでなく、家族、そして自分を取り巻くコミュニティ、さらには社会がハッピーな状態こそ、自分が望んでいるものだと思い至るだろう。

オランダで若い時代を過ごした私は、2011年に日本に戻ってからも、夫と夕食をつくり、一緒に食べることを人生の中で最も大切な時間と考えてきた。日本も、そんな小さな幸せを当たり前に追求できる労働環境であってほしいし、それを許容する社会であってほしい。さらには、世界中の人が、それぞれの小さな幸せを守れる、そんな世界であってほしい。

本書では、サステナビリティ経営の究極の目的は「地球を守る」ということではなく、「ヒューマンセントリック（人間中心）」「地球の限界の中で個人のウェルビーイングを実現することだ」と主張している。「地球の持続可能性」「サステナビリティ」「ウェルビーイング」という言葉は、どこか抽象的で、自分にはあまり関係ないと感じるかもしれない。しかし、夫と食卓を囲む幸せな瞬間や、幸せになってほしい大切な誰かがいるときに初めて、この幸せな時間を守りたい、大切な誰かの幸せを守りたい、そして、私たちが生きる社会も、地球も健全であってほしいと心から思えるようになる。そのとき、サステナビリティが抽象的な他人事から、身近でリアルな自分事として腹落ちするようになるのではないだろうか。

だからこそ、社会を構成する一人ひとりが自分のハピネスを追求するために声を上げることによって、その人だけでなく、社会、ひいては世界のサステナビリティやウェルビーイングの改善につながっていくと私は信じてやまない。

第2章

必然としてのサーキュラー経営モデル

地球防衛軍VS人間中心主義

サステナビリティについていろいろな方と議論していると、「地球を守るためにはそもそも人間がいなくなるのが一番であり、現在進められているサステナビリティの取り組みは欺瞞にすぎない」という自然中心主義的な主張を耳にすることがある。

特に日本でそうした主張を多く聞くが、欧州のサステナビリティを積極的に進めている企業の幹部に話を聞くと、彼らは、人間中心主義的な立ち位置を崩さない。人間中心主義とは、地球上の他のすべてのものに対して人間こそが中心的な存在であり、他のものは人間のために存在するという考え方だ（対して、自然中心主義とは、人間も生態系の一員と捉え、自然を中心に据えて人間の行動や社会のあり方を考える）。

もちろん、人間こそが中心といっても、「地球から搾取してもよい」「自然は人間が支配する」といった単純な「人間中心主義」を唱えているわけではない。人類の活動によって地球はすでに限界点を超えており、今までと同じやり方を続けていると取り返しのつかない事態を招くことは明白だ。その事実を踏まえたうえで、「個のウェルビーイング（より自由に、より快適に、より豊かに）を追及する」ことをより上位の目的に据えている。つまり、「地球の限界の範囲内で、個のウェルビーイングを追求する」ことを新たな価値創出の方向性に据え、それを実現することこそビジネスの役割だと考えているのだ。

そもそもビジネスというものは、人が何らかの価値を生み出し、その価値を誰かに提供し、対価を受け取るものだ。「人間」が価値を感じるところにしかビジネスは生じないため、大部分は「人間中心主義」にならざるを得ない。そこを否定せず、「地球の限界の範囲内」という枠をはめて「欲望」を追求しようというわけだ。こうした考え方であれば、資本主義そのものを否定するとか、人間がいなくなるのが一番だとか、豊かさを諦めて原始に戻れといった極論を退けることもできる。

サステナビリティ課題のおさらい

では、こうした考え方を踏まえて、サステナビリティ経営のあり方について見ていこう。再び、親亀（環境）、子亀（社会）、孫亀（経済）の関係を描いたイラストを思い出してほしい。孫亀（経済）の担い手である企業が取り組む事業は、土台である親亀（環境）と子亀（社会）の課題解決そのもの、あるいは課題解決につながるものであることが欠かせない。では、「環境」「社会」における課題とは何だろうか。

ＰｗＣでは、サステナビリティの課題を「環境」と「社会」の二つに分け、図表２・１のように整理している。

環境課題は「CO_2・気候変動」「資源・廃棄物」「水」「生物多様性」の四つだ。これらに対する解決の方向性については後ほど詳しく述べるが、「Ⅰ 脱炭素化（炭素のサーキュラー化）」「Ⅱ マテリアル（鉱物・プラなど）のサーキュラー化（狭義のサーキュラー化）」「Ⅲ 自然資源のサーキュラー化

図表2・1　そもそもサステナビリティ課題とは何か

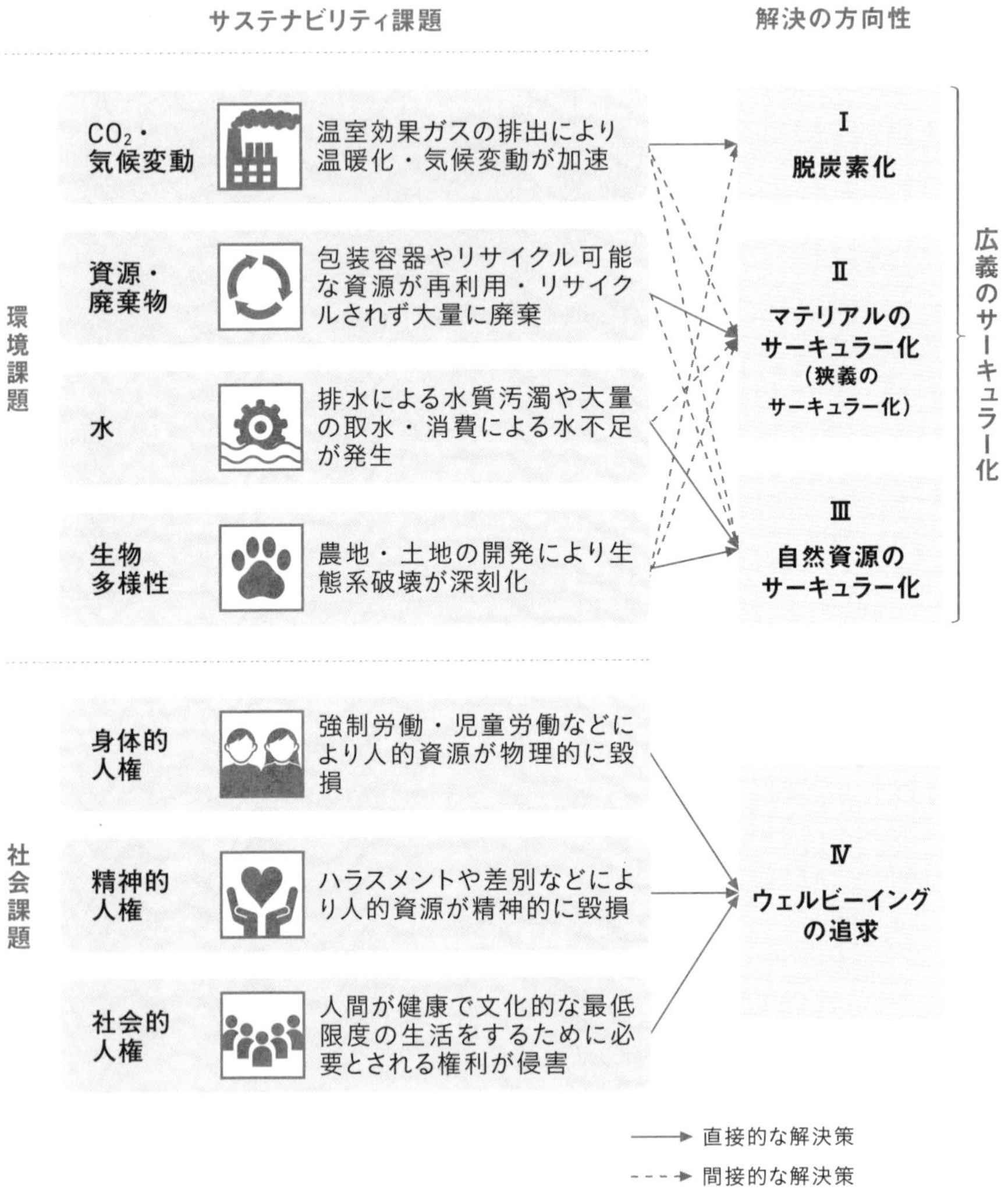
サステナビリティ課題
解決の方向性
環境課題
CO_2・
気候変動
温室効果ガスの排出により温暖化・気候変動が加速
資源・
廃棄物
包装容器やリサイクル可能な資源が再利用・リサイクルされず大量に廃棄
水
排水による水質汚濁や大量の取水・消費による水不足が発生
生物
多様性
農地・土地の開発により生態系破壊が深刻化
社会課題
身体的
人権
強制労働・児童労働などにより人的資源が物理的に毀損
精神的
人権
ハラスメントや差別などにより人的資源が精神的に毀損
社会的
人権
人間が健康で文化的な最低限度の生活をするために必要とされる権利が侵害
I
脱炭素化
II
マテリアルの
サーキュラー化
（狭義の
サーキュラー化）
III
自然資源の
サーキュラー化
広義のサーキュラー化
IV
ウェルビーイング
の追求
直接的な解決策
間接的な解決策

出所：PwC作成

（なかでも窒素のサーキュラー化が重要）」の三つに分けられる。本書では、この三つを合わせて「広義のサーキュラー化」とする。①「CO_2・気候変動」に対しては、「Ⅰ 脱炭素化＝炭素（C）のサーキュラー化」が解決策となり、②「資源・廃棄物」に対しては「Ⅱ マテリアル（鉱物・プラなど）のサーキュラー化」が解決策となる。「Ⅱ マテリアルのサーキュラー化」は、バージン素材を使うよりも資源採掘やゴミの廃棄に伴う「水」の汚染や「生物多様性」の毀損を大幅に減らすとともに、圧倒的に「CO_2」排出量を抑えることができるため、「水」「生物多様性」「気候変動」に対しても間接的な解決策となる。また、「Ⅰ 脱炭素化」は気候変動による降水量の異常を緩和するので「渇水」や「洪水」といった「水」の問題の解決につながり、気候変動による生態系への影響を緩和するため「生物多様性」の問題に対する解決にもなる。

「Ⅲ 自然資源のサーキュラー化」は当然、生物多様性や水の問題の解決につながるとともに、生態系の回復によってCO_2の吸収力が回復し、気候変動対策としても有効だ。また、「化学的につくられた物質」から「自然由来（バイオ）の物質」に移行していくことで、「資源・廃棄物問題」の解決にもつながる。

一方、社会課題は、「身体的人権」「精神的人権」「社会的人権」の三つで、解決の方向性は「Ⅳ ウェルビーイングの追求」だ。

しかし、「人間中心主義的」なビジネスの観点から考えると、環境課題と社会課題は並列ではない。すべての人がより幸せに、快適に、便利に暮らしていくこと、すなわちウェルビーイングを実現していくことが究極の目的であり、それを実現する基盤として環境課題を解決していかなくてはいけない、ということになる。ウェルビーイングは、ＳＤＧｓの次の国際目標として、最も上位の概念になるのではないかと言われており、サステナビリティ経営において最重要要素として位置づけるべきものだ。

コラム

人権の延長線上にあるウェルビーイング

ウェルビーイングという言葉は、中国の医師スーミン・スーが１９４６年にＷＨＯ（世界保健機関）の設立を構想した際、健康の定義の中にこの概念を埋め込んだことが始まりとされ、ＷＨＯ憲章の前文には、「健康とは、病気でないとか、弱っていないということではなく、肉体的にも、精神的にも、そして社会的にも、すべてが満たされた状態にあること」[注1]（日本ＷＨＯ協会仮訳）とある。けれども、ウェルビーイングの概念はここで突然登場したわけではなく、民衆が長い年月をかけて勝ち取ってきた人権の延長線上にあることを忘れてはならない。

図表２・２に人権概念の歴史的発展を示した。図の横軸は、人権概念の対象となる人々、縦軸は人権概念が意味してきた権利の種類を表している。

人権は長い年月をかけて、分野、対象者、適用地域を拡大していった。17世紀までは特権階級に許された身体の自由や参政権のことを指し、例えばローマ帝国では奴隷や女性に

図表2・2　人権概念の歴史的発展

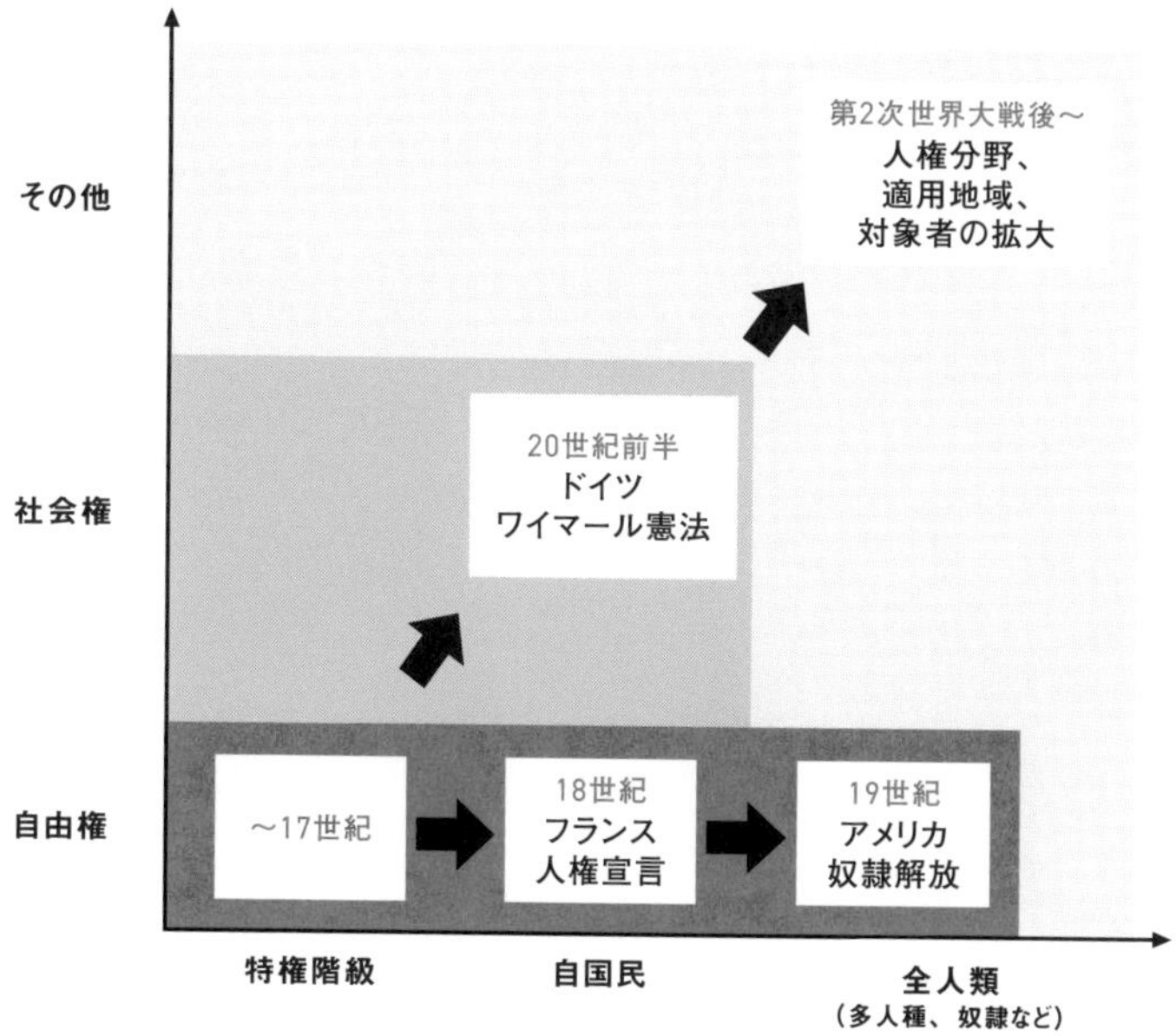

その他：民族自決権、平和に生きる権利、環境権、発展の権利
社会権：労働の権利、教育を受ける権利、社会保障を受ける権利、文化的に生きる権利など
自由権：身体の自由、思想・信条・表現の自由、人間の平等、参政権

出所：PwC作成

人権はなかった。18世紀のフランス革命において、人権は特権階級だけのものではなく、自国民すべて（フランス人すべて）が有する権利だとフランス人権宣言の中で規定され、人権の対象範囲が拡大した。19世紀に入ると米国で奴隷解放運動が始まり、1863年の奴隷解放宣言と65年の合衆国憲法修正13条により奴隷制度は廃止され、人権は自国民だけのものではなく、奴隷などの異なる階級や異なる人種の人にも許される権利であることが認められた。

さらに、1919年にドイツで制定されたワイマール憲法では、自由権に加えて、労働権、教育や社会保障を受ける権利などの社会権も人権に含まれるようになった。そして、第二次世界大戦後、平和に生きる権利や環境権、発展の権利などに広がっていった。「人権とは、人類すべてがあまねく有する基本的権利である」という考え方に行き着いたのは、第二次世界大戦後からだ。1948年12月10日、国連総会で世界人権宣言が採択され、人権は「すべての人民とすべての国とが達成すべき共通の基準」となった。世界人権宣言は30条から成り、教育、雇用、公正な賃金、投票権、ヘルスケア、表現の自由、ジェンダー、人種差別など、さまざまな人権を包括している。（注2）

長い年月をかけて拡大し、すべての人に認められるようになった人権に関する議論は近年、より小さな単位の人々（女性やLGBTQなど）にとっての人権とは何か、というように細分化されていっている。細分化の先にある最小単位が「個人」であり、個人の幸せを実現するための権利の組み合わせがウェルビーイングだ。

WHOは2021年に、真の豊かさとは人々のウェルビーイングであるとし、ウェルビーイングの概念と尺度を、SDGsの一つではなく中心に据えるべきと提言した。そのため、2030〜2045年の目指すべき価値基準としてウェルビーイングが取り上げられ、国際目標の観点からはサステナブル・デベロップメント・ゴールズ（SDGs）からウェルビーイング・ゴールズ（WBGs）へ、国の発展を示す尺度は国内総生産（GDP）から国内総ウェルビーイング（GDW）へ移行するのではないかと考えられている。（注3）

日本でもウェルビーイングに関する政策が進められている。2021年7月には、ウェルビーイングの推進に関して省庁間の連携強化や情報共有、優良事例の横展開などを図るため「Well-beingに関する関係府省庁連絡会議」が内閣府に設置された。（注4）その後、具体的なウェルビーイング関連の基本計画などのKPIも示され、関連の取り組みや予算も増加している。（注5）

限界と豊かさを両立できるサーキュラーエコノミー

サステナビリティ経営に対して、多くの人は「我慢しなくてはいけない」「できなくなることが増える」などと、縮小経済を思い描きがちだ。しかし、本書が主張する人間中心主義的なサステナビリティ経営は、地球が限界を超えない範囲内で、すべての人が物質的にも精神的にもより豊かで、自由で、快適に生活すること、すなわち個のウェルビーイングを目指す。

では、その実現に向けて、企業は何をすべきか、あるいは事業をどう変えていくべきか。それを考える際にお薦めなのが、**「採取」と「拡散」の観点から、自社の事業を見つめ直す**ことだ。

地球が限界を超えない範囲内で物質的豊かさを追求するには、資源の採掘などの新たな「採取」と、CO_2排出やゴミの廃棄などの「拡散」を可能な限り最小化し、すでにあるものをぐるぐると循環させながら利用するしかない。つまり、サーキュラーエコノミー化することが、課題解決の有力な方向性となる。

サーキュラーエコノミーと聞くと、PETボトル回収などの廃棄物リサイクルを思い浮かべる読者も多いだろう。廃棄物を回収して循環させることは大事だが、それはサーキュラーエコノミーのほんの一部にすぎない。詳しくは後述するが、サーキュラー（循環）化することで、莫大な事業機会と利益を獲得できるチャンスがめぐってくる。

「採取」と「拡散」で世界を見つめ直す

では「採取」と「拡散」の観点で、世界を見つめ直してみよう。

図表2・3を見てほしい。まず、世界を「自然界」と「人間界」に分ける。人間の活動がなければ、自然界は「自然の法則」に忠実に従って生態系が維持され、物質もそれに従って固定化あるい

図表2・3　自然界における物質とエコシステム

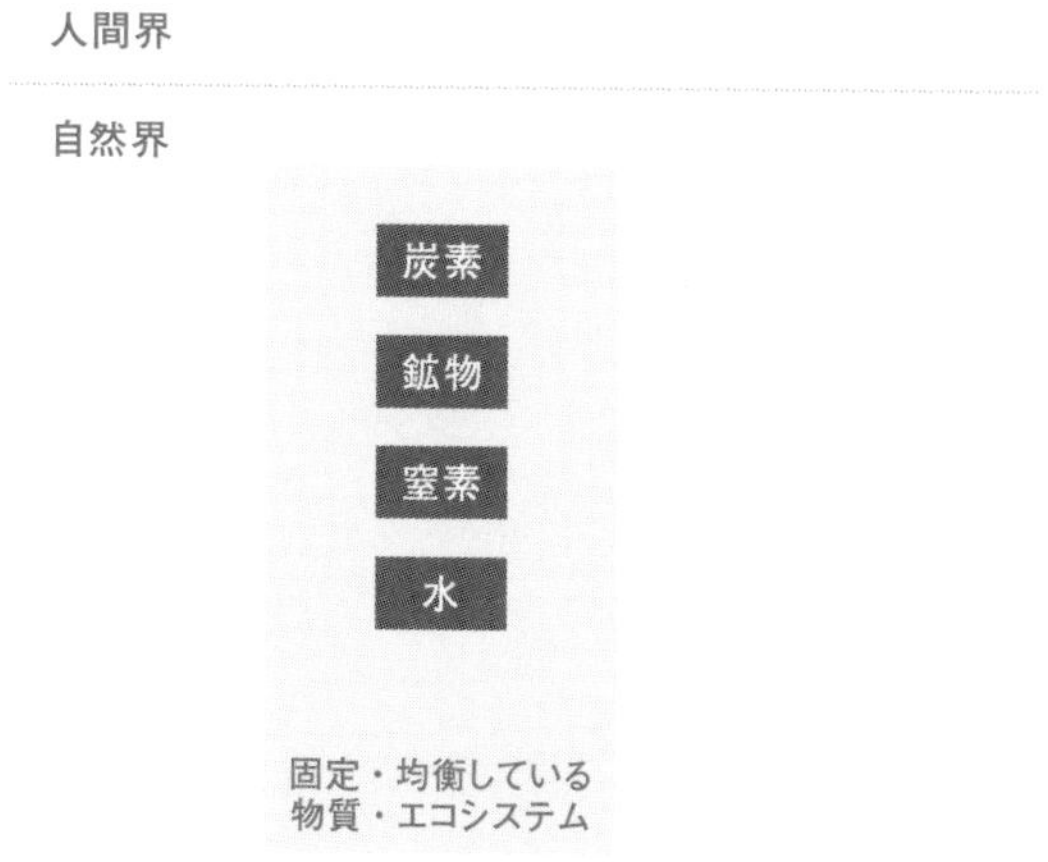

出所：PwC作成

は均衡している。図中では、採取の対象として「炭素」「鉱物」「窒素」「水」の四つを挙げている。例えば、枯れた木々や植物、動物の死骸などは、長い時間をかけて炭素（石油や石炭、天然ガスなど）として地中に固定化される。鉱物も、マグマの冷却など地球内部や表面で起こるさまざまな地質プロセスの結果、時間をかけて形成され、特定の場所に固定されている。また、大気中には、窒素や酸素、二酸化炭素などが安定的に存在し、水のように蒸発と液化を繰り返し均衡している物質もある。

　窒素は、たんぱく質の主成分であり、人間だけでなく動植物が命をつなぐのに欠かせない元素だ。窒素も自然界では一定の均衡状態で存在してきた。大気中には窒素がふんだんにあるが、化学的に安定している（3重結合している）ため動植物はこれを直接利用することはできない。動植物が利用するには、他の物質とも反応しや

図表2・4　人間の経済活動による資源の「採取」

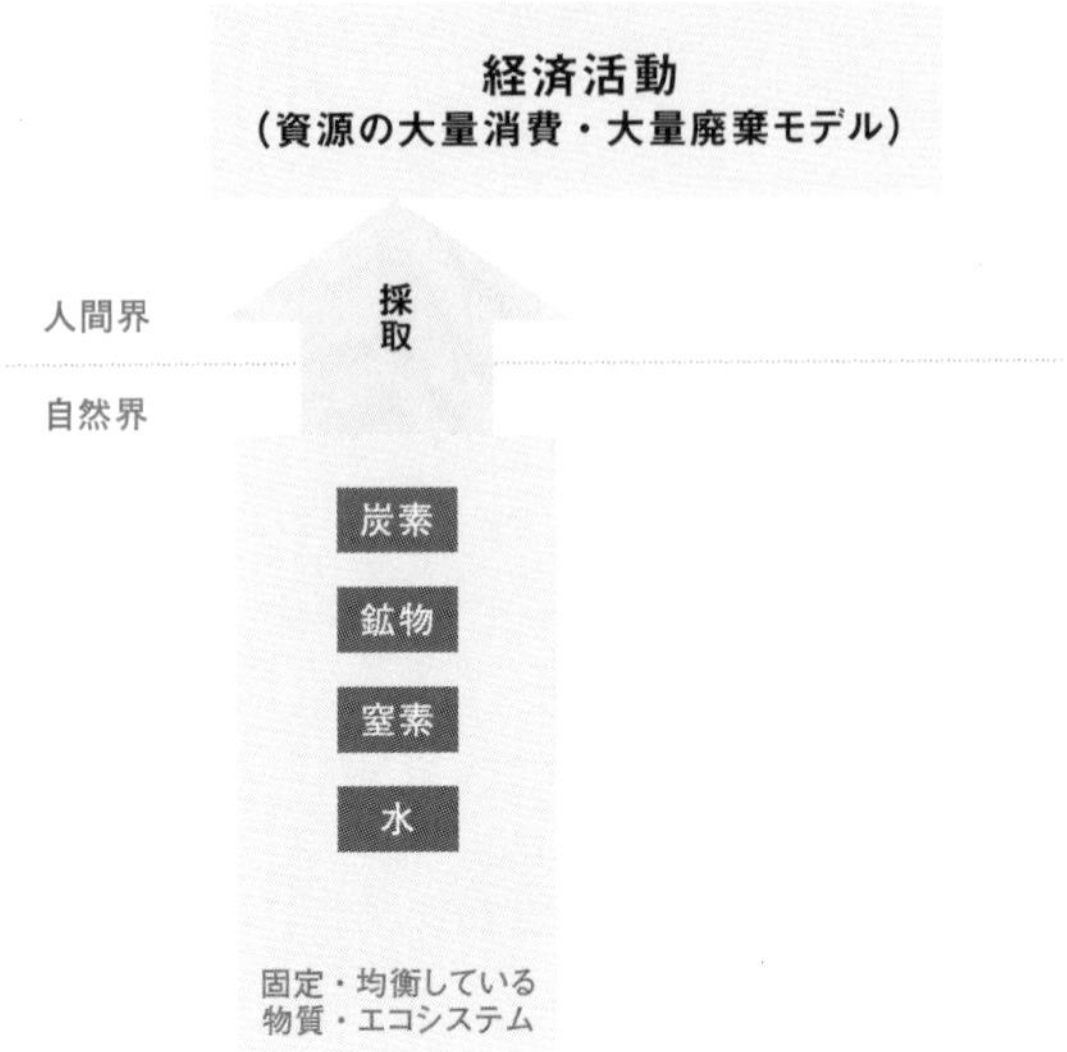

出所：PwC作成

図表2・5　人間の経済活動によって生じる「拡散」

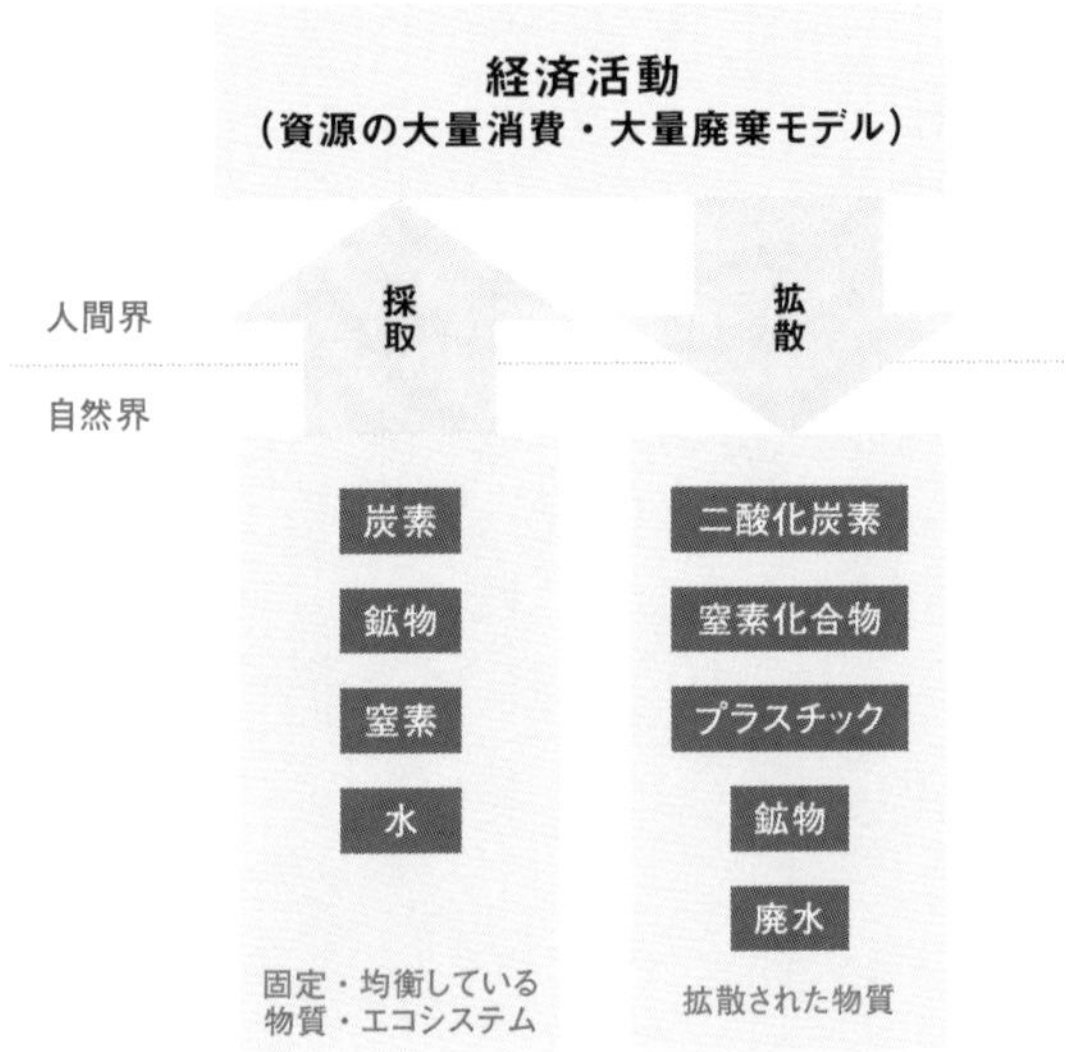

出所：PwC作成

すい反応性窒素である必要がある。たんぱく質は反応性窒素を含んでおり、人間は食べ物を通じて窒素を摂取している。植物が成長するためにも必要な栄養素だが、現在、農業などで大量に使われている窒素肥料は、後述するように人工的につくられたものだ。

自然界において大気中や土壌中の窒素（N^2）が反応性窒素に変わるのは、一部の微生物によって変換されたとき、あるいは野火や雷などの高エネルギーが発生したときなどに限られる。そのため、もともと自然界に存在する反応性窒素の量には限りがあった。

微生物が反応性窒素をつくり、それらを栄養分として植物が育ち、動物たちが生息し、食物連鎖を積み重ねながら自然のエコシステムが形成されていた。この「自然の法則」で動く世界に、その法則を守らない（あるいは自然の法則を乱す）人間が登場した。

人間は他の動物と同じく、命をつなぐため自然界の中から物質を採取したが、他の動物と違ったのは、文明を持ち、種を繁栄させ、経済活動を拡大させていったことだ。その規模が大きくなればなるほど、自然からの採取の量も増えていく。特に、18世紀後半の産業革命以降、科学技術の発展や経済の拡大によって、資源の大量消費と大量生産の時代が訪れ、人間界は豊かさをおう歌したが、その一方で、自然界からの「採取」に歯止めがかからなくなっていった。

大量採取、大量生産の代償

人間界で経済活動が活発化すればするほど、資源の大量消費や大量生産が行われ、やがて人間界から自然界へ、自然が備えている能力では処理しきれない大量の廃棄物などが拡散される状態が生じる。

例えば、経済成長を支えるために大量の石炭や石油が自然界から採取され、エネルギーや原料として消費される。その過程で大量のCO_2が発生し、大気中にばらまかれる。さらに、石油から生まれたプラスチック製品は使用後に廃棄され、焼却処分時にCO_2が発生するほか、埋められたり海に投棄されたりしたものは、マイクロプラスチックとなって海に漂う。さらに、取り出した鉱物が世界中にばらまかれ、加工されたものが捨てられて、さまざまな化学物質となりバラバラになって「回収できない形」で拡散していく。

空気中の安定した窒素は、ハーバー・ボッシュ法が開発されたことによって化学肥料（窒素化合物）の原料として使われるようになった。大量生産された窒素肥料は、農地にばらまかれ、河川や海洋にも流れ出す（詳細は、第3章「SXの未来トレンド2 窒素循環を取り戻せ」）。

このように、採取と拡散という観点で自然界と人間界の関係を見ていくと、環境問題を引き起こすほぼすべての問題をクリアに把握することができる。

経済活動が活発になり、際限なく採取を続けていると、当然、その資源は枯渇するほか、副次的な影響もある。例えば、鉱物の採掘現場の周辺では森林伐採が進むため、周辺のエコシステムが破壊される。

CO_2や窒素化合物が大量に拡散されることによって気候変動が起こり、プラスチックや鉱物、フッ素化合物などの有毒な化合物、窒素化合物などがばらまかれていくことによって、大気、水質、

図表2・6　「採取と拡散」による環境課題

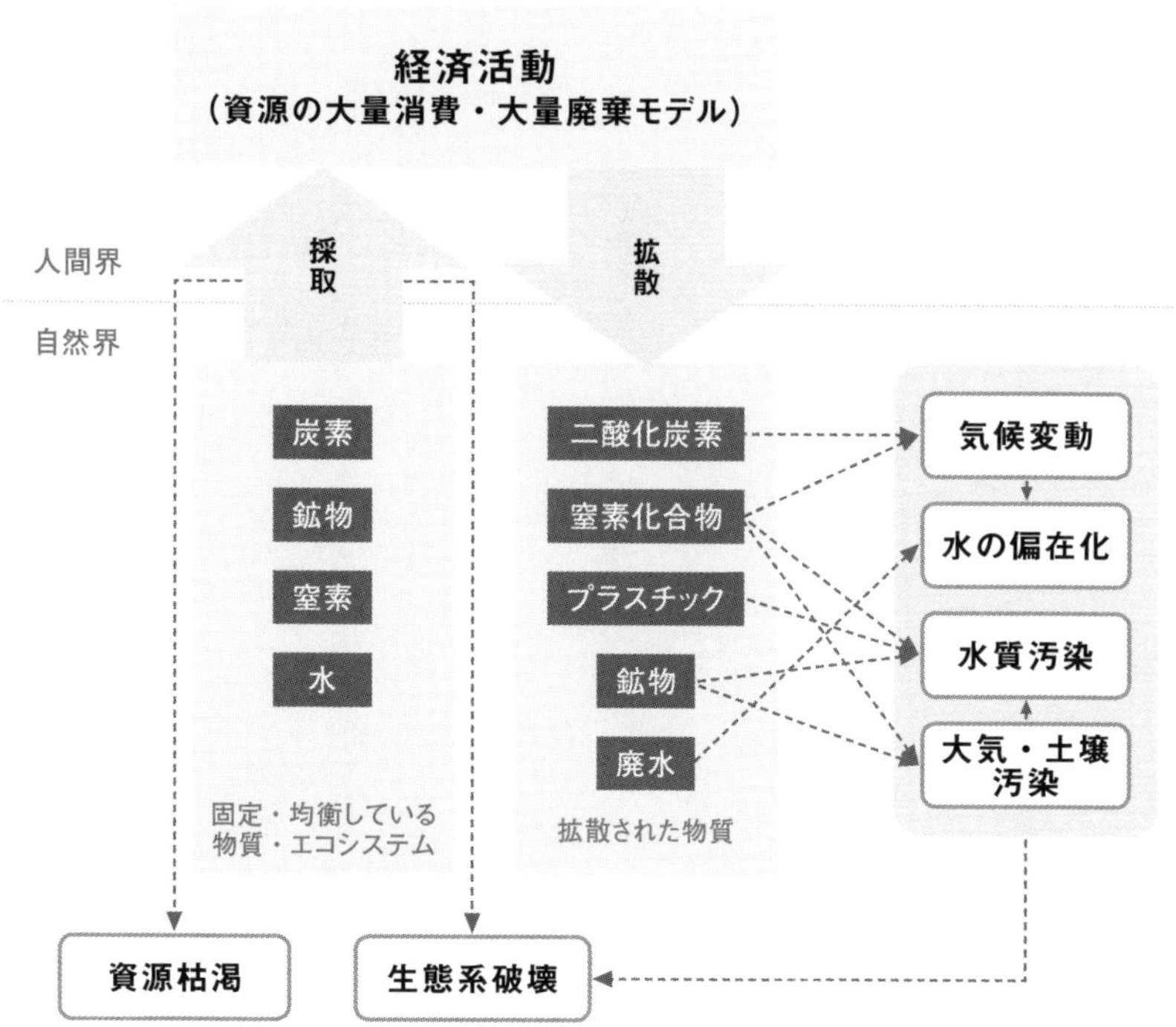

出所：PwC作成

土壌が汚染されていく。
水に関しては、地球上の絶対量は変わらないが、気候変動の影響により降雨パターンや降雨地が変わり、水が存在する場所が大きく変わる。つまり、水の偏在化が進む。なお、図には示していないが、水のくみ上げや利用による水源枯渇も人為的な水の偏在化と整理される（図表2・6）。さらに、過剰な採取に伴う生態系の破壊だけでなく、気候変動、大気・土壌・水の汚染、水の偏在化など、拡散によって引き起こされる環境課題がさらなる生態系の破壊を生み出す。

本章の冒頭において、サステナビリティの環境問題をCO_2・気候変動、資源・廃棄物、水、生物多様性の四つに特定した。この四つの環境問題は、採取と拡散によって引き起こされ、それぞれがバラバラな問題として存在するのではなく、複合的に絡み合っているのだ。その結果、気候変動や汚染などが生じ、生態系の破壊につながっていく。このように、環境問題は採取と拡散で明確に捉えることができ、CO_2排出を主原因とする気候変動も生物多様性の喪失も、水の偏在や資源枯渇も、すべて同じ構造で語ることができる。

環境課題解決と経済を両立させるには

採取と拡散を従来と同じペースで続けると、経済のベースとなる親亀と子亀がどんどん傷つき、上に乗っている孫亀を支えきれなくなることは明らかだ。しかし、人間が豊かに、自由に、快適に生きていくためには、一定程度の物質的な豊かさも重要だ。この二つの半ば矛盾する事象を両立させるには、必然的に次の答えが導き出される。

その答えとは、採取と拡散を極小化しつつ、すでに採取済みの資源や自然界に拡散している物質を経済活動の中に再度取り込み、ぐるぐると回して循環させていくことだ（図表2・7）。通常は人間界で物質をぐるぐると回していく部分を「サーキュラーエコノミー」と呼ぶが、本書では、「採取と拡散を極小化する」ことを広義のサーキュラー化と定義する。つまり、「広義のサーキュラー化」によって、経済活動の影響を自然界のエコシステムの循環の範囲内にとどめることを目指す。

環境省によると、サーキュラーエコノミーとは、「従来の3R（リデュース、リユース、リサイクル）の取り組みに加え、資源投入量・消費量を抑えつつ、ストックを有効活用しながら、サービス化などを通じて付加価値を生み出す経済活動であり、資源・製品の価値の最大化、資源消費の最小化、廃棄物の発生抑止などを目指すもの」だ。英国のエレン・マッカーサー財団は、サーキュラーエコノミーの3原則として、「廃棄物と汚染などを出さない」「製品や素材を流通・循環させ続ける」「自然のシステムを再生させる（再生可能資源を使用する）」を掲げている。[注6] 単に、採取済みの物質を循環させるだけでなく、採取と拡散の極小化を含んでいることが、重要なポイントだ。

例えば、化石燃料（炭素）の代わりに再生可能エネルギー（再エネ）を使うことは、炭素採取とCO_2拡散の極小化につながる。つまり、再エネの活用も、サーキュラーエコノミーの一部に位置づけることができる。現在、産業界で取り組みが進んでいるCO_2削減も同様だ。また、後ほど詳しく示すように、窒素の採取と拡散の極小化という文脈で食糧問題もサーキュラーエコノミーで語ることができる。

図表2・7　サーキュラーエコノミーが解決策になる

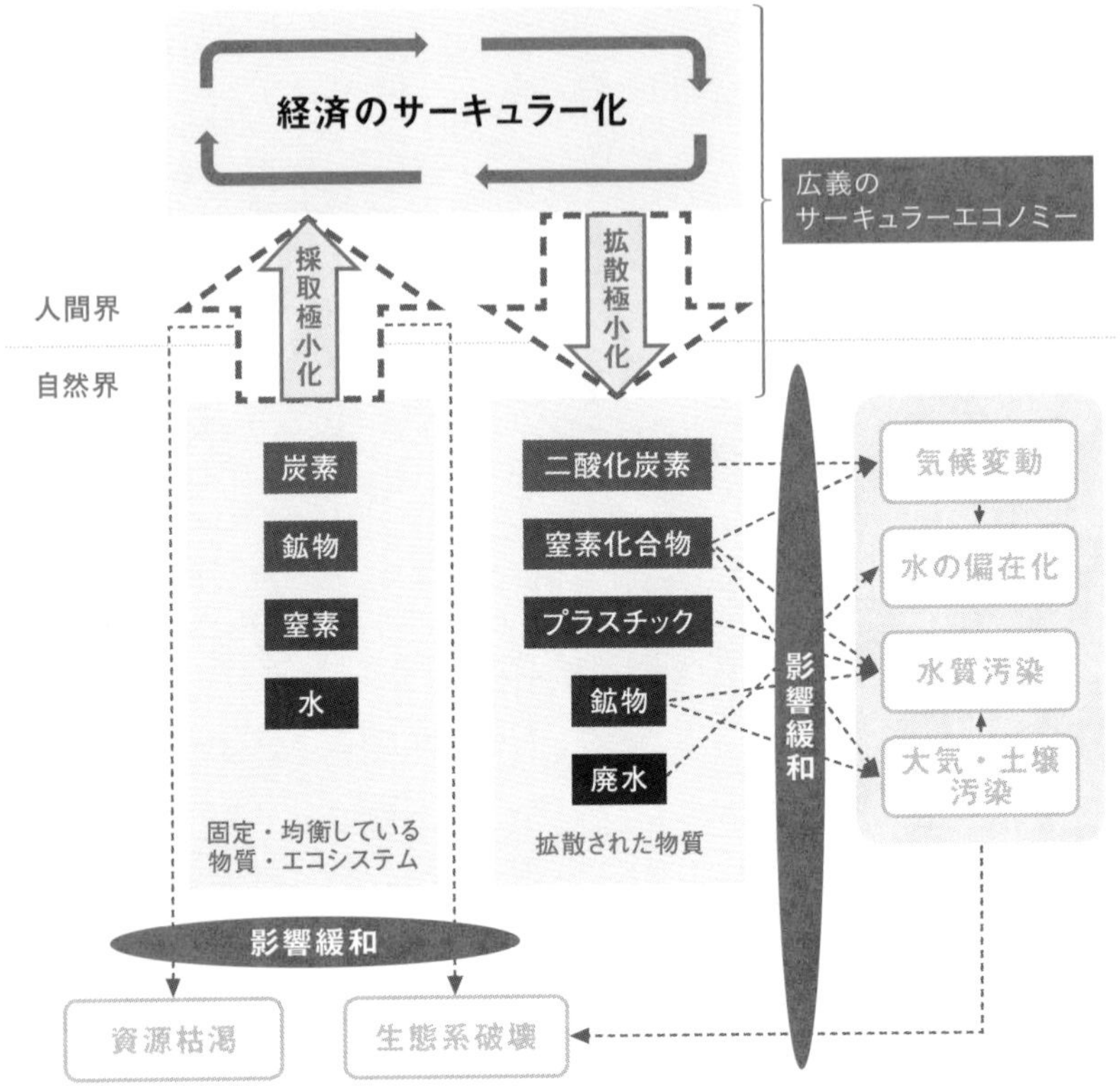

出所：PwC作成

また、通常、サーキュラーエコノミーの対象は製品、資源とされることも多いが、本書では、エネルギー、水や食料、それらを構成する元素レベルまでを含めて考えている。

第5章では、サーキュラーエコノミーのフレームワークを産業別に見ていく。それらを参考に、自社の事業構造のサーキュラーエコノミー化を構想していってほしい。

SXでアジアの成長を取り込む

本章では、サーキュラーエコノミーの重要性とともに、もう一つ強調したいポイントがある。それは、日本企業がサステナビリティ経営を軸に自社の事業の成長を実現していく場所についてだ。もちろん、日本で実現できればそれに越したことはないが、人口減少で市場の拡大が見込めない日本市場は魅力に乏しいと言わざるを得ない。

日本企業にとって、「採取と拡散」を最小化しつつ、かつ、ビジネスチャンスが大きな地域は、ASEAN（タイ、インドネシア、シンガポール、フィリピン、マレーシア、ベトナムなど）だと著者は考える。日本企業は、欧州での気候変動対策や生物多様性保全に関するルールメイキング（さまざまな規制やルールづくり）に入り込めていないため、市場攻略のアプローチが後手に回っている。また、北米においても、成長領域に一気に投資してスピーディに事業化を進める米国企業のスピード感に追いついていない。

一方、ASEAN地域に目を向けると、すでに市場参入を果たしていたり、サプライチェーンを現地に広げていたりするケースも多く、日本企業は他国の企業より優位性があるといえる。また、製造業を重視していたり、再エネの確保で苦労していたりするなど、サステナビリティをめぐる利害が一致する部分も多く、ＡＳＥＡＮ市場における今後のルールメイキングなどにも影響力を及ぼしやすい。そして何よりも、サステナビリティ市場の成長ポテンシャルが非常に高いことが大きな魅力だ。ＡＳＥＡＮの経済成長率は日本の２・５倍以上あり、２０２９年には、ＧＤＰが日本の２倍以上になると予測されている[注7]（詳細は第3章「ＳＸの未来トレンド4 ＡＳＥＡＮの成長を取り込め」）。

すでに述べたが、ＡＳＥＡＮの国々は、かつて先進国がやってきたような際限のない採取と拡散を繰り返して高成長を達成することを望んでいない。サステナビリティに対する意識も比較的高く、潜在的にはサーキュラーエコノミーを築きやすい地域といえるかもしれない。

だが、ＡＳＥＡＮでも、日本企業にはやや出遅れ感がある。ＡＳＥＡＮは自分たちが慣れ親しんだ「裏庭」だと思っている日本企業も少なくないが、現在、中国やシンガポールの企業が、ＡＳＥＡＮのサステナビリティ市場に急速に触手を伸ばしつつある。日本企業は、この重要市場を死守するためにも、採取と拡散を極小化したＡＳＥＡＮのサプライチェーンの形成や、サステナブル成長産業の育成、サステナブル市場の開拓を急ぐ必要がある。

第3章

必ず押さえておきたい SXの未来トレンド

前章では、地球環境が限界を迎える中で企業が人々の快適な暮らしを追求し利益を上げるためには、ビジネスをサーキュラー化していく必要があると述べた。サーキュラービジネスの実現方法を具体的に検討する前に、本章では、日本企業が必ず押さえておきたいSXの未来トレンドを六つ示す。

具体的には、①スケールの壁を乗り越えよ、②窒素循環を取り戻せ、③リジェネラティブがキーワードに、④ASEANの成長を取り込め、⑤バリューチェーンの改革者たれ、⑥分散型投資からシステミック投資へ、だ。順番に見ていこう。

SXの未来トレンド1

スケールの壁を乗り越えよ

SXを実践しようとすると、必ず突き当たるのが「スケールの壁」だ。ビジネスとして利益を出せるようにするには、生産・販売量の拡大によるコストダウンなどが欠かせないが、この壁を乗り越えられず投資回収に至っていないケースが目立つ。

日本企業のサステナビリティビジネスは、社会貢献事業的な位置づけで規模の小さなものが多く、そもそも拡大を目指していないものも多い。「社会課題を解決しているのだから、規模は小さくてもよい」というのは言い訳にすぎない。欧州でサステナビリティを積極的に進めている企業の中には、サステナビリティを本業の中に位置づけ、スケールの壁を乗り越え、投資回収の領域に進んでいる企業も少なくない。

では、スケールの壁を乗り越えるためには、どうしたらいいのか。ポイントは三つある。①先発者（ファーストムーバー）として動く、②スケールの出やすいものと出にくいものを区別する、③小さいものを組み合わせて事業全体でスケールを出す。一つずつ見ていこう。

先発者（ファーストムーバー）として動く

どんな事業でも、初期段階では「価格vsスケール」の問題に直面する。新商品や新サービスが市場に浸透するまでには時間がかかるため、「市場拡大、増産、1個当たりの製造コスト削減」という好循環になかなか持っていけず、投資回収に時間がかかるという問題なのだが、SXでは特にそれが顕著に表れやすい。

例えば、リサイクル素材やCO_2を吸着する素材などの需要は、現状ではまだ小さいため、生産数量を大きくできない。その結果、1単位当たりの製品の製造コストは高くなり、当然、販売価格も高くなる（図表3・1）。製品を供給するメーカー側からすると、市場が小さいので生産設備への思い切った投資ができず、コスト高にならざるを得ない。

新製品をスケールさせるには、メーカー側がマーケティングによって徐々に市場を掘り起こして

図表3・1　リサイクル素材の価格とスケールの関係

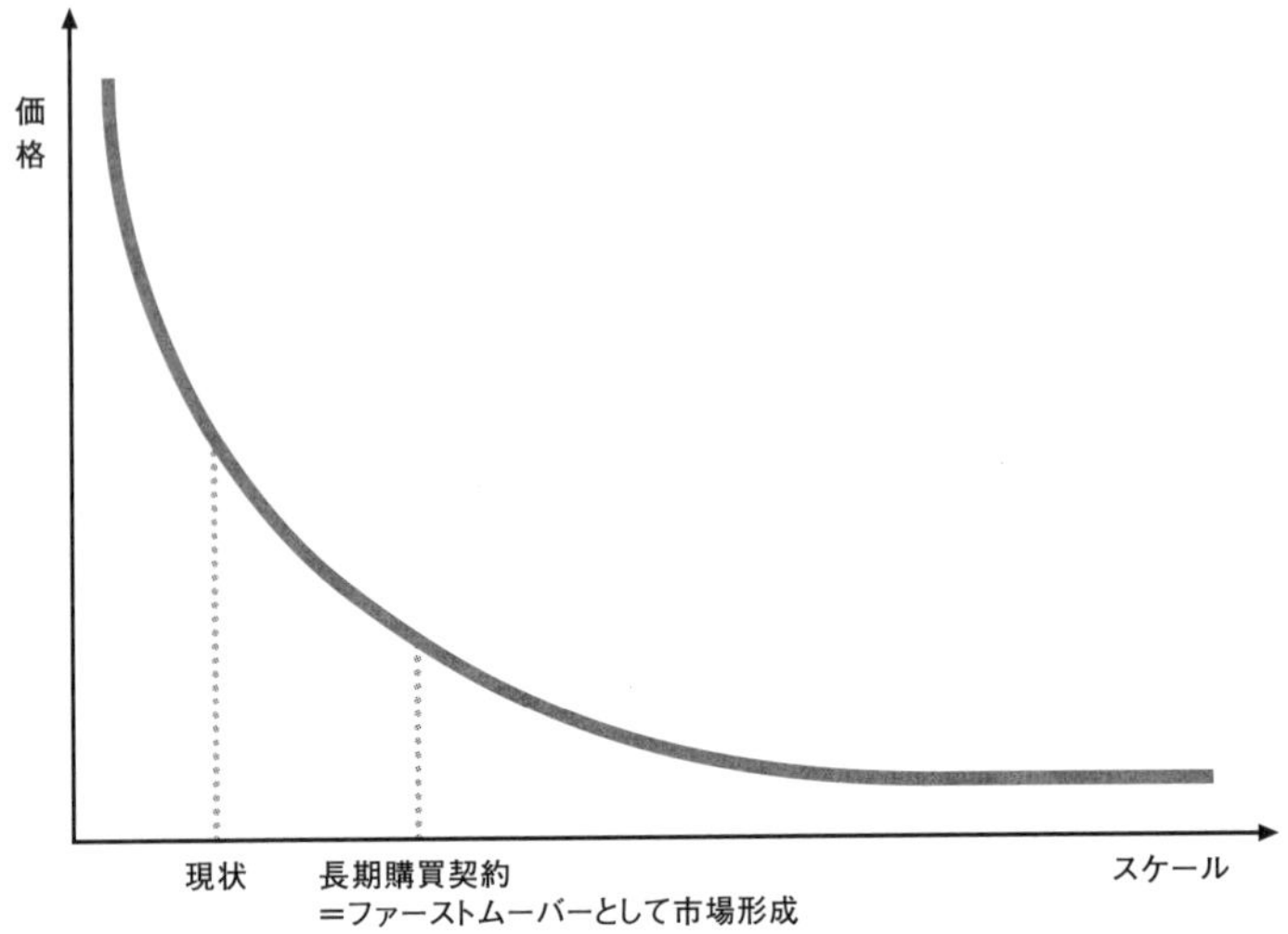

出所：PwC作成

いく「サプライヤードリブン」なやり方が一般的だ。しかし、現在、サステナビリティ関連のビジネスでは、その逆の「市場ドリブン」な動きも起きている。つまり、製品のユーザーが先発者（ファーストムーバー）として長期購買にコミットすることで需要を牽引し、それがメーカー側の投資を促し、増産効果により低価格化を実現するという流れだ。

例えば、PETボトルに関して、大手飲料メーカー（ユーザー）とリサイクルプラスチックを製造する素材メーカー（サプライヤー）との間で起きたことを振り返ってみたい。10年ほど前まで、多くの飲料メーカーは「リサイクルPETボトルを製品に使ったら、採算が全く合わない」と考えていた。

しかし、その後の数年間で、バージンPETよりもリサイクルPETのほうが高いにもかかわらず、大手飲料メーカーなどが一定量を継続的に購入するようになり、安定的な市場をつくった。ユーザー企業が安定的に購入してくれることが支えとなり、リサイクルプラスチックメーカーは安心して設備投資を進め、その結果、リサイクルＰＥＴボトルのコストは下がり、購入希望のユーザー企業数が増えていった。すると、市場の成長が見込めるようになり、リサイクルプラスチックメーカーは追加の設備投資を実施し、リサイクルＰＥＴボトルの価格がさらに下がるという好循環が生まれた。現在では、リサイクルＰＥＴボトルの需要が世界で急増し、供給が追いつかなくなっており、その結果、価格はむしろ上昇している。このような「市場ドリブン」なスケール化は、少し前までは考えられなかった現象だ。

先発者として動く方法は、ある程度の規模以上の長期購入契約を伴うので、資金力のある大企業にしかできない方法かもしれない。先発者として動けば当然リスクもあるが、メリットも少なくない。これから紹介する二つの事例で、「市場ドリブン」のスケール化がどう実現され、先発者は何をメリットとして得た（あるいは得ようとしている）のかを見てみよう。

事例研究　グリーンメタノールをいち早く採用し、市場を牽引
――A・P・モラー・マースク（デンマーク・海運大手）

デンマーク海運大手のA・P・モラー・マースクは、サステナビリティ目標に積極的にコミットしている先進企業の一つだ。同社は、２０４０年までにバリューチェーン全体でのカーボンニュートラル（CO_2ネット排出量ゼロ）を掲げ、まずはその中間目標として、２０３０年までに海上輸送の

25%以上をグリーン燃料に、航空輸送の30%以上を持続可能な航空燃料に、内陸輸送の最低20%を再生可能な電力かグリーン燃料にする目標を定めた。[注1] そのうち特に海上輸送の目標を達成するために、2023年には船舶用燃料としてグリーンメタノールを使用する取り組みを本格的にスタートさせた。[注2] 当時、グリーンメタノールはユーザーもサプライヤーも少なく、価格は従来の燃料（重油）より平均2~3倍ほど高かった。[注3] だが、マースクは、先行して投資することを決め、19隻のグリーンメタノール船を発注し、さらに2023年11月、中国の風力発電大手、金風科技（ゴールドウィンド）の子会社と、船舶燃料として使用するグリーンメタノールの長期供給契約を結んだ。[注4]

この大型契約により、グリーンメタノールのサプライヤーは安心して、生産能力拡充のための設備投資を進めることができる。今後、スケールの進展につれて価格も下がっていくだろう。マースクの担当者によると、「現在、グリーンメタノールは従来の燃料より約1割高いが、私たちは海運業界のリーダーとしてこの分野に先行投資し、業界を変えていく責任がある」と話している。[注5]

もちろん、彼らにはファーストムーバーならではの戦略的な狙いもある。例えば、荷主の中には環境負荷の少ない「グリーン輸送」に対する大きなニーズを持っている企業がある。それにいち早く応えて顧客を囲い込むと同時に、グリーン輸送が運送業界に広がっていけば「グリーン燃料不足」が起きるおそれもある（リサイクルPETでまさに生じている事象だ）。そうなったときに備えて、グリーンメタノールのサプライヤーを囲い込んでおく狙いもある。

サステナビリティビジネスは社会貢献ではない。環境や社会に役立つささやかなビジネスで満足していてはいけない。親亀・子亀と共存する成長性の高いビジネスを実現するため、ファーストムーバーとして大胆に行動することで、サステナビリティ素材・製品・技術のスケールを牽引するだけでなく、拡大後の市場や調達を先回りして押さえることができるかもしれない。

事例研究

他社が追随せざるを得ない「新たな当たり前」をつくる
――NREP（デンマーク・不動産デベロッパー）

NREPは、住宅や介護施設、コミュニティ施設、物流センター、オフィスビルの開発を手がけるデンマークの不動産デベロッパーだ。2021年に同社は、2023年までに、自社の開発プロジェクトによって発生する温室効果ガスの排出量を2020年比で30％減らし、2028年までにカーボンニュートラルにするという目標を掲げている。(注6)

同社は現在、デンマークのコペンハーゲン市と共同で、旧鉄道地区の再開発を行っている。サステナビリティと健康に重点を置く新しい土地開発プロジェクトで、2025年初頭に着工予定だ。(注7)このプロジェクトには五つの開発ビジョンがあり、その一つが「気候に優しく、健康に重点を置いた持続可能な原則に基づいて地区を開発する」だ。

NREPはこの開発ビジョンに基づき、製造時のCO_2排出量が通常の製品より3割少ない低炭素セメントの利用を検討した。この低炭素セメントは通常のセメントよりかなり割高だが、自社だけでなく同業のデベロッパーがこれを広く使うようになれば、量産効果によって価格が下がるのではないかと考えた。

そのアプローチ方法は、従来とは異なるものだった。よくあるのは、同業他社とコンソーシアムをつくったり、行政への政策提言などを通じて低炭素セメントの使用を義務づける規制の実施を働きかけたりするやり方だ。しかし、NREPの場合は、強制ではなく、他社も同じようにCO_2排出量の少ないセメントを購入せずにはいられない状況をつくり出し、その後まもなくして、低炭素セメントの価格は、従来のセメントとほぼ同等の価格となった。

市民の環境意識の高いデンマークで、CO_2排出量の少ないセメントを使っていること自体、NREPのブランディング強化の材料になる。同時に、NREPが「CO_2排出量の少ない低炭素セメントを使う」ことを「当たり前」にしたことで、他のデベロッパーが従来のセメントを使っていると、市民から非難される状況を自然な形でつくり出していったのだ。

再度、図表3・1「リサイクル素材、サステナブル商品のスケールと価格」を見てほしい。NREPは同業他社が購買せずにはいられない状況をつくり出し、横軸のスケールのポイントを大きく右に動かすことに成功した。その結果、低炭素セメントの価格は、既存のセメントとあまり変わらないレベルにまで下がった。

このプロジェクトで誕生する「UN17ビレッジ」という街の開発コンセプトは、SDGsの17のゴールすべてを具体的な行動に変換して目標達成に貢献するというもので、NREPはこの取り組みが「オープンな実験場」であると述べている。CO_2排出量の少ない低炭素セメントだけでなく、SX実現に向けて、再生可能エネルギーや新しいコミュニティのあり方、資金調達の方法まで、多岐にわたる実験を自らのリスクで実施し、ファーストムーバーとして変化の先頭を走っている。

この事例からは、**業界コンソーシアムをつくったり、政府に働きかけて規制を変えたりするよりも、民間のユーザー企業1社の力で圧倒的に早く物事を動かせる方法がある**ことをぜひ感じ取ってほしい。

＊　＊　＊

SXを検討する際に、現状ではコストが高くて利用できないと思っている商材であっても、諦めてはいけない。コストが下がるまでじっと待つのではなく、価格とスケールの曲線を見ながら、スケールがどこまで大きくなれば、経済合理性のある価格まで下がるのか、逆に、経済合理性のある価格にするにはどこまでスケールさせる必要があるのかを考え、ユーザー主導でスケールの軸を右側に移動させる方法を検討してみてほしい。その際には、自社の購入だけでスケールさせることができるか、他社も巻き込む必要があるのか、スケールまでの時間はどのくらいか、どうしたらその時間を短くできるか、などが検討のポイントになるだろう。

スケールの出やすいものと出にくいものを区別する

マースクやNREPのような業界のリーダーたちは、SXの実現に役立つ素材や原料に関して、コストが高いから諦めるのではなく、価格低下とスケールの関係においてユーザーとしてどこまで影響力を及ぼすことができるか、すなわち、**図表3・1で価格とスケールが交わる点を、自分たちが主導して右側へ移動させられないか**を考えている。

こうしたSX先進企業は、単に「環境に良いから」だけでは動かない。繰り返しになるが、環境にいい素材や原料のスケールのゆくえを見極め、自社が価格に影響力を及ぼすことができるほどの調達量があるのか、その結果、経済合理性のある価格に引き下げることができるかなどを見据えている。ある程度の「勝算」があるからこそ、ファーストムーバーとして行動することができるのだ。

ファーストムーバーとしてのメリットは大きい。環境・社会によい製品を必要とする新しい市場を先駆けて獲得できるほか、SXの鍵となる素材や原料をいち早く囲い込むことも可能になる。マースクの例で述べたように、環境・社会によい商材は今後、ニーズが急拡大して調達が困難になることが予想され、先手を打っておくことが重要になってくる。

先進事例が示しているように、「高いから」「市場が小さいから」などと足踏みしている間に、他の誰かがファーストムーバーとしてこの変革をリードし、2番手以降を寄せつけない優位性を築いていくだろう。自社のファーストムーバーとしての可能性をぜひ検討してみてほしい。

高価格、回収先が明確な製品は、サーキュラーと相性がいい

一般的に、サーキュラービジネスには儲からないというイメージがつきまとっている。多くの人がサーキュラービジネスとして思い浮かべるのは、PETボトルや歯ブラシのような細かい製品や

素材のリサイクルだ。確かに、そうした小さくて細かいうえに、世の中に幅広くランダムに拡散している製品や素材は、再利用しようにも回収に莫大なコストと手間がかかり、採算面から事業化は簡単ではない。こうして集めた素材をリサイクルして製品に再利用する場合、バージン素材からつくった製品との間には、簡単には埋めがたいほど大きなコストの差が生じ、価格競争力がなくなってしまう。

しかし、諦めるのはまだ早い。製品の中には、この例に当てはまらないものもあるからだ。それを見分けるポイントは、「①高価格・高付加価値」「②回収先が少数かつ明確」な商材だ。この二つの条件を満たしていれば、採算が合いやすい。オランダのフィリップスが手がけている医療機関向け画像診断装置（MRIやCT）のサーキュラー化は、そうした事例の一つだ。

事例研究

サーキュラー化＋ヘリウムフリーで顧客とウィンウィン関係
――フィリップス（オランダ・医療機器大手）

フィリップスは、使用寿命を迎えたり、リース期間終了などで返却されたりした画像診断装置（MRIやCTなど）のサーキュラー化に取り組んでいる。顧客の医療機関から使用済みのMRIなどを買い取り、新品に準じる状態に整備・調整して、ソフトウエアも最新にアップデートして再び市場に出すリファービッシュ（整備済み中古品）事業のほか、部品再利用、素材のリサイクルにも力を注いでいる。リファービッシュされたMRIの平均再利用率（重量ベース）は80％に達し、新品に比べて安く購入できる。（注8）同社では、下取りされる機器のすべてが再利用されるよう責任を持って対応しているという。

ＭＲＩやＣＴなどの画像診断装置は非常に高価で、設置先は規模の大きい医療機関だ。どの医療機関にどんな機器が納入されているかをメーカーが把握可能で、回収先も限られているので、汎用品などに比べ回収の手間やコストは少なくて済む。同社のホームページには、サーキュラーの方法として、①資源の使用の削減、②アズ・ア・サービス、やソフトウエアやハードウエアの更新、アフターサービスによる長寿命化、③リファービッシュ、④部品回収・再利用、⑤素材（特にプラスチック）の再加工・再利用、の五つが示されている。

また、製品設計にも「エコデザイン」という独自の基準を設けている。具体的には「製品のエネルギー効率の向上」「規制、環境フットプリント、その他の理由による特定物質の使用削減」「サステナブルなパッケージデザイン」「循環型設計」の4要素から成り立っている。例えば、循環型設計は、モジュール化、リサイクルプラスチックやバイオプラスチックなどサステナブルな原材料、分解・リサイクルを考慮した設計などのことであり、同社のヘリウムフリーのＭＲＩはその典型例だ。ＭＲＩでは、強力な磁場を発生させる超電導体コイルの冷却用に液体ヘリウムを使っているが、従来の機種は完全に密閉できず、ヘリウムが徐々に蒸発するため定期的に補充が必要だった。同社が2022年に発売したヘリウムフリーのＭＲＩでは、ヘリウムの消費量そのものを従来の0・5％未満へと劇的に減らしたほか、液体ヘリウムを装置内に完全に密閉することで蒸発を防ぎ、補充を不要とする形に改善した。（注9）

ヘリウムは、カタールや米国など限定された地域でしか生産されていない希少物質（ガスで採取される）であり、サプライヤー数も限られることから、地政学リスクや生産国の生産・物流トラブルの影響を受けやすい。フィリップスは、ヘリウムの持続的な調達が困難になることを見越したうえで、材料や設計を大幅に見直し、ヘリウムフリーのＭＲＩを開発した。ヘリウムフリーになったことにより、顧客である医療機関にとっても、装置の維持コストが大幅に低減し、冷却トラブルから解放されるなど従来の装置より運用が楽になった。

フィリップスのリファービッシュ事業やヘリウムフリーＭＲＩの例では、ユーザーの医療機関は、環境のために何かを我慢したり、コストを負担したりすることは一切ない。むしろ、従来よりも価格が抑えられたＭＲＩを入手できたり、希少物質であるヘリウムの使用削減にも貢献できたり、いいことずくめだ。フィリップスにとっても、製品をサーキュラー化し、製品のライフサイクル全般に深く関わるようになったことで、顧客（医療機関）との距離がより近くなったことで、顧客のフィリップスブランドに対するロイヤルティーが向上したという。まさに、ウィンウィン関係が生まれた事例だ。

小さいものを組み合わせ事業全体でスケールを出す

「①高価格・高付加価値」「②回収先が少数かつ明確」という条件を満たせれば、自社単独で比較的シンプルなサーキュラーのビジネスモデルを構築できるが、それに当てはまらない場合は、どうすればいいのか。

ここでは、次の二つの方法を紹介する。**①スケールが足りないものをいくつか組み合わせてスケールを出す、②個別の活動を組み合わせ、事業全体へのインパクトで投資効果を計り回収を考える。**実際の事例とともに二つの方法を順番に見ていこう。

事例研究

再エネ周辺ビジネスを面で押さえる
——バンプー・ネクスト（タイ・エネルギー大手の戦略子会社）

バンプー・ネクストは、1982年に設立されたタイのエネルギー最大手バンプー傘下の戦略子会社で、再生可能エネルギー関連の新事業を手がけている。バンプーの主力事業は、石炭・天然ガスの資源開発や火力発電事業であるため、早急な脱炭素化が求められており、バンプー・ネクストがその分野を開拓している。

一般に脱炭素化の柱は再生可能エネルギー（再エネ）事業だが、東南アジア地域は欧米などに比べると再エネの対象となる資源が少なく、脱酸素化を再エネだけに頼ってはいられない。そこでバンプー・ネクストは、再エネの事業化を進めつつ、その周辺にある再エネ関連ビジネスを面で押さえていく戦略をとっている。(注10)

具体的には、メガソーラーなどの発電事業だけでなく、電気自動車・電動バイク（トゥクトゥクなどを含む）のライドシェアやカーシェアサービス、充電ステーション、蓄電施設の運営、リチウムイオンバッテリーの製造・回収、電子廃棄物の処理、企業のエネルギー管理などを幅広く手がけている。中でも、電子機器などの廃棄量は右肩上がりで増えており、希少金属を含む資源の回収・再利用は同社にとって非常に大きなビジネス機会だ。一つひとつのビジネスが大きな利益を生むわけではないが、その周辺に手を伸ばし相乗効果のあるビジネスを面で展開すれば、トータルでスケールが実現できる。

次に紹介するのは、「個別の活動を組み合わせ、事業全体へのインパクトで投資効果を計り回収を考える」事例だ。

事例研究 タイでの原料生産農家の支援で社会価値を創造
――味の素（大手食品メーカー）

味の素はタイの子会社を通じて、うま味調味料の原料であるキャッサバを栽培する農家の支援を手がけている。気候変動や土壌汚染による農産品の生産性低下リスクに加え、地政学リスクが顕在化するなか、食品産業では、中長期的に原材料をどう確保していけるかが大きな課題になっている。サプライチェーンの最上流におけるこうした活動を怠れば、数年後に数倍か数十倍のコストになって跳ね返ってくるおそれがある。

タイでは都市化が進み、農家の高齢化・後継者不足が深刻で、栽培知識の不足、水不足、水はけの悪い土壌、種茎の不足、キャッサバ以外に収入源がない、といった課題も抱えている。こうした農家の貧困問題を放置した場合、若年層の農業放棄によって、原材料の生産を維持できない可能性も出てくる。そのうえ、2018年から「キャッサバモザイク病」と呼ばれるウイルス病が蔓延し、収穫量の減少が続いている。

味の素ではこれらの課題を解決するため、さまざまな施策を実行している。例えば、農家の生産性向上や自立支援に向けた栽培知識の基礎教育、キャッサバモザイク病についての啓蒙、無償の土壌診断、キャッサバの収量増や減肥を両立させる新しい肥料の開発のほか、タイ国科学技術開発庁・遺伝子生命工学研究センター（ビオテック）と共同で、キャッサバモザイク病に感染していない種茎の提供などのプロジェクトを進めている。（注11）

また、キャッサバを工場で加工した際に出る副生物コプロは栄養豊富であり、それを農家に肥料として販売し、キャッサバ畑の栄養成分に活用するという持続可能な「バイオサイクル」の関係を築いている（これは、第3章「SXの未来トレンド2」で述べた窒素循環を取り戻すためにも重要な取り組みとなり得る）。

しかし、こうした投資を単独で回収することは不可能だ。事業活動全体の中でこれらの投資が生み出す価値を計り、やらなかったときのコスト（生産性の低下による調達コストの増加など）や、やったときのメリット（ブランド価値の向上とそれに伴う売り上げ増加など）を含めて、回収の評価をすべきだ。味の素は2017年より、ASV経営を掲げている。ASVとは味の素グループ・クリエーティング・シェアド・バリューの略で、売り上げや利益を追求するだけでなく、自社の事業を通じて社会が抱える課題や問題に取り組むことで社会的価値を創造し、その結果、経済的な価値も創造される

図表3・2　原料農家支援と企業価値向上の関係（味の素）

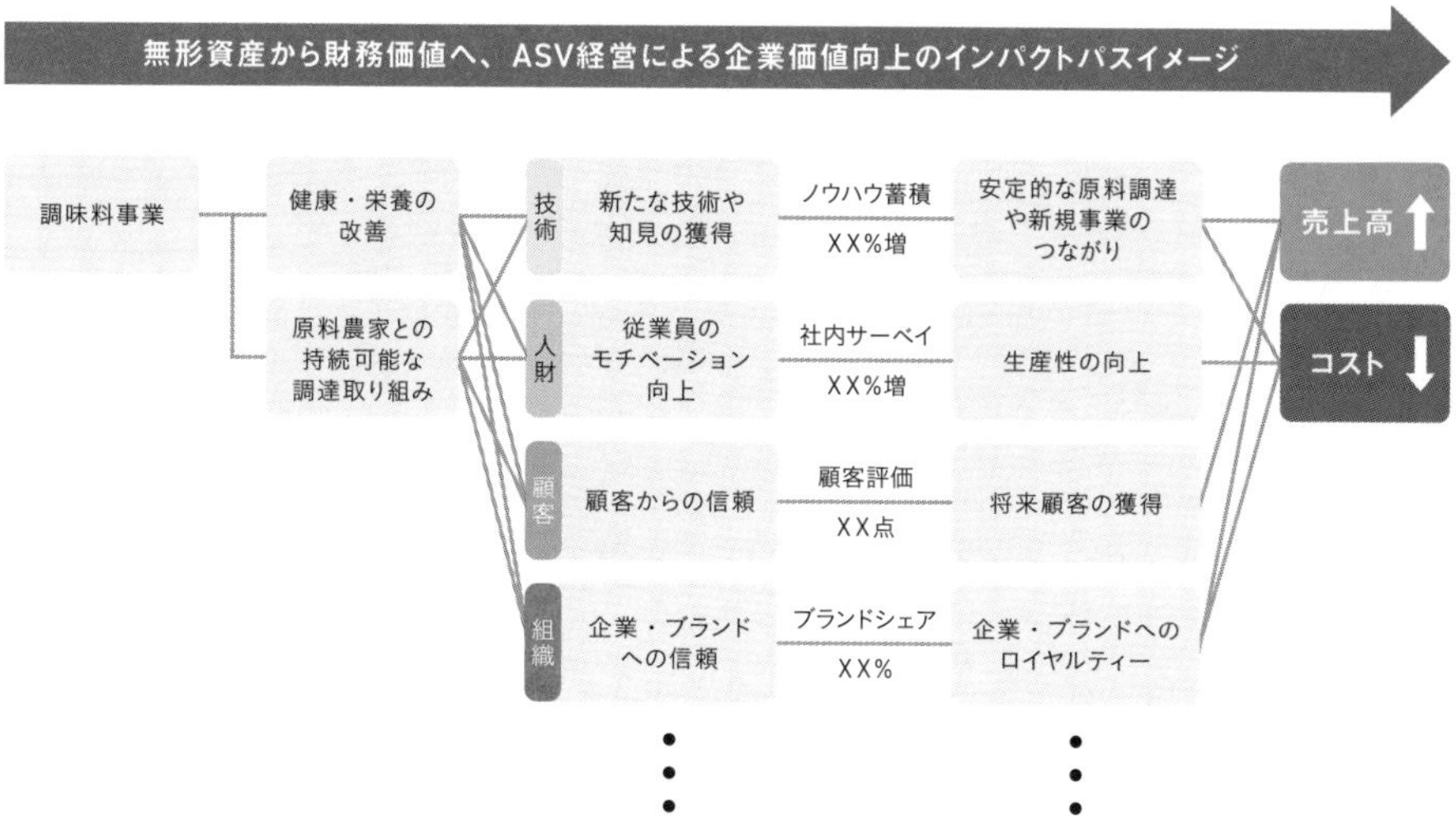

出所：味の素「中期ASV経営 2030ロードマップ 食と健康の課題解決、その先へ」（p51）をPwCで一部改変

ことを意味している。

味の素ではＡＳＶ経営の中で、原料農家との持続可能な調達の取り組みを「社会価値」に位置づけ、最終的には売上高の増加やコスト削減につながると評価している。それをインパクトパスで示したのが、図表３・２だ。

このインパクトパスを見ると、タイの農民支援を含む調味料事業は、地元の人々の「健康・栄養の改善」と「原料農家との持続可能な調達」という社会価値を創出している。そして、それが「新たな技術や知見の獲得」「従業員のモチベーション向上」「顧客からの信頼」「企業・ブランドへの信頼」につながり、その先には「安定的な原材料調達」「新規事業」「生産性向上」「将来顧客の獲得」「企業・ブランドへのロイヤルティーの向上」などにつながると想定している。

そして、これらは最終的に、「売上増」と

「コスト減」につながるとしている。例えば、「従業員のモチベーション向上」は、「生産性改善」に直結し、「コスト削減」が可能になる。「顧客からの信頼」は「売上増」に、「企業・ブランドへの信頼」は「売上増」や「広告料の抑制」などにつながり、最終的には企業の業績向上に結びつく。

サステナビリティへの投資は、一部分だけを見るととても投資回収できないと思えることが少なくないが、その投資が本業に及ぼすインパクトを精査し、財務的な数字に落とし込み、それを考慮したうえで投資回収を評価すると、会社全体に及ぼす財務メリットが見えてくる。こうした発想は、事業部やプロジェクトごとにサイロ化された組織では生まれてこない。その意味では、SXは長期的かつ全社的な取り組みであり、そこに踏み出す前には、部門別のKPIを変更するなど、部門間の壁を取り払う（あるいは低くする）ことも欠かせない。

SXの未来トレンド2

窒素循環を取り戻せ

最近、生物多様性や生態系の喪失について、メディアなどで取り上げられる機会が増えている。気候変動やCO_2削減の問題意識が定着した今、次の焦点は生物多様性だといわれるほど、深刻で重要な問題だ。

生態系全体の循環は非常に多岐にわたっているうえに複雑であり、ビジネスとの関係を理解するのは容易ではない。ここでは、特にビジネスセクターとの関係性が強く、ビジネスパーソンが理解しておくべきトピックとして、窒素循環の問題を取り上げる。窒素は生物の重要な構成要素であり、窒素循環が乱れると生態系に大きな影響を及ぼす。そして、最終的には、人間の食料調達を危うくするおそれがある。

窒素は、たんぱく質やＤＮＡの構成要素であり、非常に重要な物質だ。ご存じの通り、空気の約８割は窒素だが、N_2という状態で存在しており、そのままでは動植物が身体の中に取り込むことはできない。生物が取り込めるのは、他の物質とも反応しやすい反応性窒素（窒素化合物）と呼ばれる状態になったものだ。食べ物に含まれるたんぱく質は反応性窒素の一形態であり、人間は食品を通じて窒素を摂取している。

かつて自然界では、反応性窒素の総量は限られていた。土壌中の微生物が生物を分解して窒素化合物（アンモニア態窒素）を生み出し、それを栄養源として植物は育つ。その植物を草食動物が食べ、その草食動物を人間が食べる。一昔前は、人糞が窒素化合物などの栄養素を豊富に含む貴重な肥料として、農業に使われていた。また、マメ科などの一部の植物は、根粒菌と呼ばれる微生物と共生しており、この微生物が空気中の窒素を直接取り込み、アンモニア態窒素に変えることができる。このため、マメ科の植物を耕作地に生やして土壌を豊かにすることも盛んに行われた。このように、人間が自由に使える反応性窒素の総量は限定されており、基本的には、微生物の力によって生まれた窒素化合物しか利用できない時期が長く続き、窒素は、地球環境の中で緩やかに循環していた。

図表3・3　プラネタリーバウンダリーでは窒素は気候変動より危機的

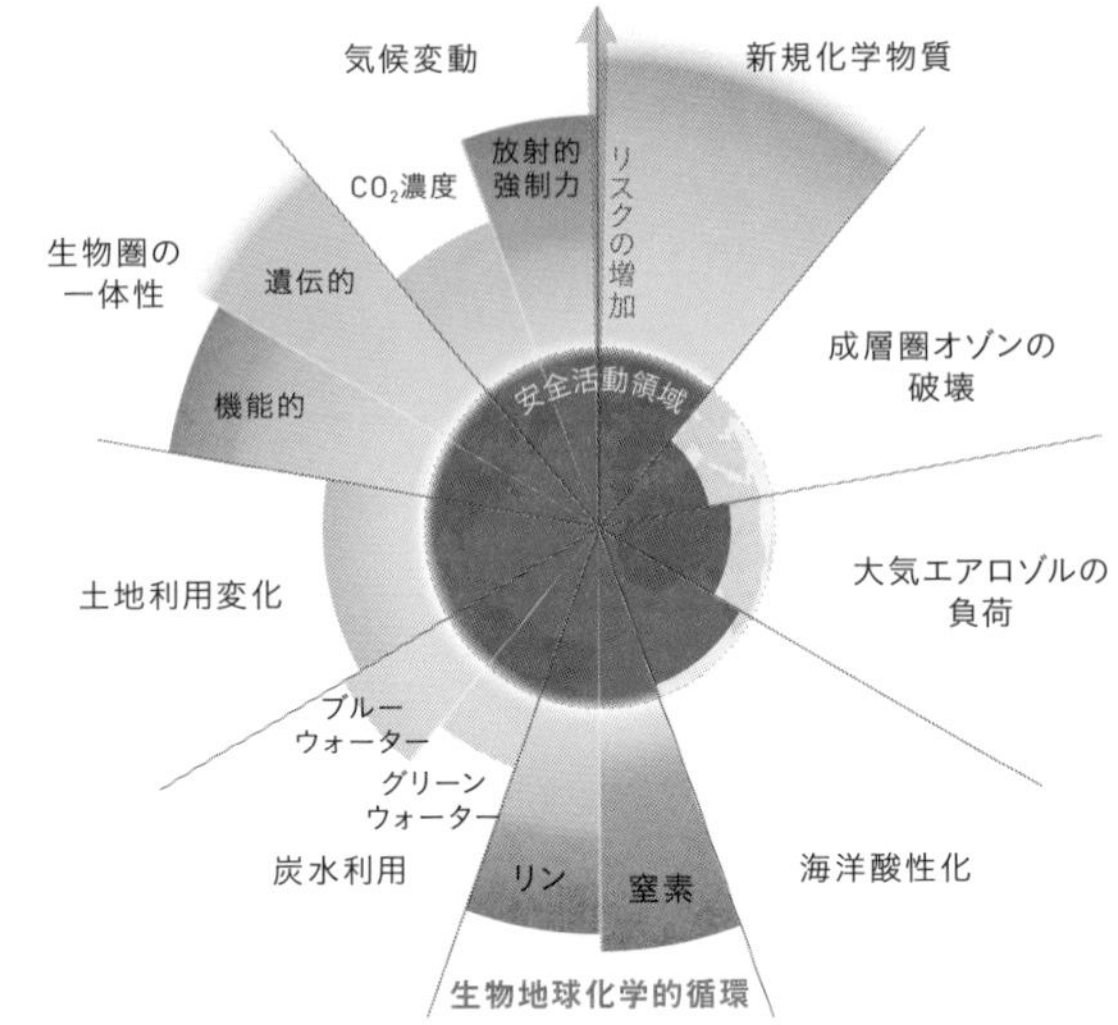

出所：Richardson et al., "Earth beyond six of nine planetary boundaries", Sci. Adv.Vol.9; Stockholm Resilience Centre（2023）をもとにPwC作成

その状況を一気に変えたのが、１９０６年のハーバー・ボッシュ法の発明だった。ドイツの化学者、フリッツ・ハーバーとカール・ボッシュは、不可能と思われていた「空気中の窒素から反応性窒素（アンモニア）をつくり出す方法」を発明し、人類は微生物の力を借りることなく、アンモニアを原料とする窒素化合物の化学肥料を好きなだけつくれるようになった（アンモニア（NH_3）は窒素化合物の一種）。のちにハーバー・ボッシュ法は「空気からパンをつくり出す発明」と評された。

人類は、人工的につくり出した反応性窒素を用いて大量の化学肥料を製造して農業に使用し、これによって農作物の生産量は飛躍的に増加した。現在、全世界の人口は約80億人だが、ハーバー・ボッシュ法の発明がなければ、食料供給の観点から40億人が上限ではないかと推定されるほど、画期的なものだった。ハーバー・ボッシュ法は世界を飢餓から救い、発明者のハーバーとボッシュはノーベル化学賞を受賞したが、効果が大きかった分、自然界や生態系に及ぼす「副作用」も甚大だった。

空気中の窒素を原料に莫大な量の反応性窒素を生み出した結果、現在その量は、かつて自然界に存在していた反応性窒素の2倍に達しているという。(注12) つまり、地球の生態系は今、反応性窒素であふれ返っている。ハーバー・ボッシュ法で製造された反応性窒素の8割は農業分野、2割は工業分野に使われている。

ストックホルム・レジリエンス・センターが発表しているプラネタリーバウンダリーの最新版によると、窒素やリン（リンも化学肥料の主要成分）の循環は気候変動よりも危機的な状況にある（図表3・3の「生物地球化学的循環」）。プラネタリーバウンダリーは、人間が地球上で持続的に生存していくために、超えてはならない地球環境の境界点を示しており、項目ごとに超えてはいけない限界値が決められている。

では、反応性窒素が大量にあふれると何が起きるのだろうか。農地に肥料としてまかれた窒素化合物は、その約半分が作物に吸収されるが、残りは、土壌や大気、川、海、湖などに流出すると言われている。海や湖に流れ出した窒素化合物は、藻やプランクトンの栄養源となり、大量発生などで水質が悪化し、海洋生物の生態系や生物多様性が破壊されていく。また、廃棄された食品などを焼却処分すれば、大気中に窒素酸化物が排出され、大気汚染や温暖化が加速する。

農作物の大量生産に寄与し、人類を飢餓から救ったハーバー・ボッシュ法だが、人類がこのまま窒素化合物を大量にまき散らし続ければ、生態系や生物多様性に甚大な被害を与え、海産資源の減

図表3・4　耕作地1ヘクタール当たりの肥料使用量

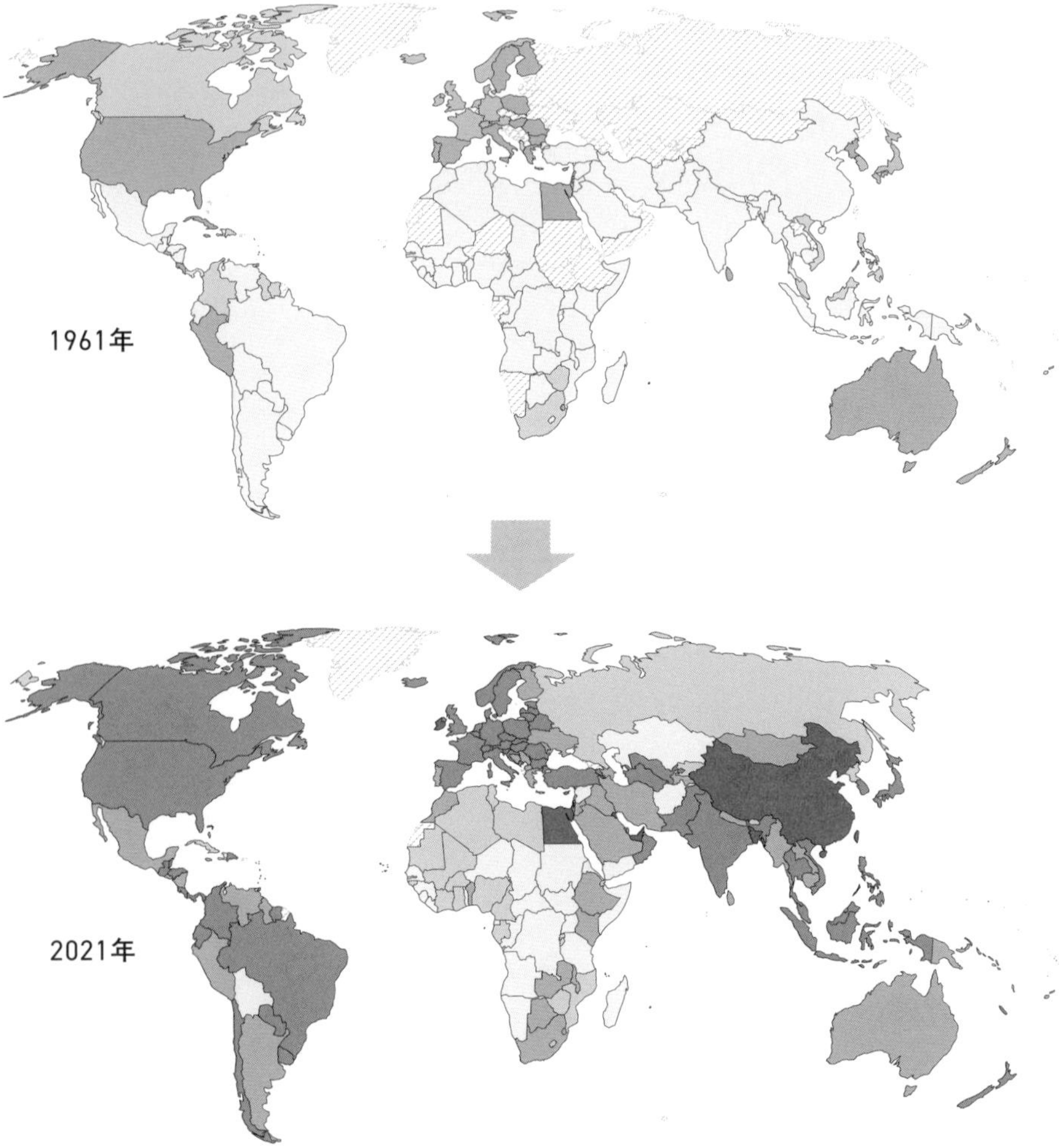

（注）すべての肥料製品（窒素、リン酸、カリウムを含む）を、農地1ヘクタール当たりの総養分量（キログラム）で測定

出所：Food and Agriculture Organization of the United Nations (2023)をもとにPwC作成

少などを引き起こす。

加えて、最も重要な問題は肥料の多用による土壌劣化だ。窒素肥料は、農作物の生産性を向上させるが、過剰な窒素は土壌を劣化させ、逆に生産性を損ねることになる。**このままいくと、これまで食料供給に貢献してきたはずの窒素肥料が逆に食料供給の足を引っ張ることにもなりかねない。**

世界の窒素汚染の状況を見ると、特に、中国や東南アジアで深刻化している。これらの地域では、化学肥料を過剰に使用している可能性がある。

窒素（反応性窒素）の採取と拡散を最小化していくには、化学的に合成した窒素肥料に頼ってきた農業を変えていく必要がある。例えばその方法の一つとして、リジェネラティブ（環境再生型）農業がある。土壌を掘り起こさない不耕起と呼ばれる方法や有機肥料の活用、化学肥料の投下量の制限、休閑期の被覆作物の活用、輪作などで土壌の再生力を活性化させ、脱炭素化や窒素循環の正常化にも資する農法のことで、ネスレ、ユニリーバ、ペプシコなどの大企業も、原料を調達する農家向けにリジェネラティブ農業を推進している。

また、植物による窒素の吸収をより効率的にする技術の開発（この後、紹介するマレーシアのバイオ企業カーボテックが代表例）も進んでおり、窒素肥料の使用削減に役立つことが期待されている。

世界の人口は今後も増え続け、2058年には100億人を突破すると推計されている。（注13）そのため、食料確保は不可欠であり、現実的には、化学的に合成した窒素肥料を使わないわけにはいかない。だからこそ、**「いかに合成窒素肥料の使用量を減量し効率的に使うか」**が勝負となる。

SXの未来トレンド3

リジェネラティブがキーワードに

トレンド2でリジェネラティブ農業に触れたが、リジェネラティブとは「再生可能」という意味だ。地球環境は、自然の力で再生可能な可逆的要素と、再生に数千～数億年かかり人間の時間軸では実質的に不可逆な要素とで成り立っている。前者には植物や生態系の営み、後者には鉱物資源などが当てはまる。

私たちがこれまで経済活動を通じて積み重ねてきた「採取と拡散」によって、不可逆な事象が急速に拡大したため、地球の再生能力の多くが限界を超えてしまっている。例えば、産業革命以前は、大気中に放出されたCO_2は森林や海がゆっくりと吸収し、もとの大気の状態に戻っていったが、現代のように人間の経済活動によって大量のCO_2が放出され続けると、かつてのように自然の能力では吸収しきれず、大気中や海中の濃度が高まり、気候変動や海の酸性化などさまざまな悪影響を引き起こしている。

サステナブルビジネスとは、地球の再生能力の限界（親亀の限界）を理解し、その範囲内で経済活動をすることだ。これを企業の活動に落とし込むと、「不可逆な要素の採取・拡散を最小化し、再生可能な要素に置き換えていく」になる。

そう考えると、**今後は、エネルギーや食品に限らず、すべての産業でリジェネラティブがキーワードになっていくはずだ。**従来の不可逆の直線を改め、サーキュラー化を軸にしたリジェネラティブな円の中に、自社のビジネスを移行させていく必要がある。

リジェネラティブというと市場が小さくスケールしないイメージを抱きがちだが、エネルギーや農業に限らず、すべての産業が該当すると考えると、その先に広がる市場は巨大だ。

＊　＊　＊

サステナブルビジネスとは「不可逆な要素の採取・拡散を最小化し、再生可能な要素に置き換えていく」ことだと述べたが、そこにフォーカスしてビジネスを展開する注目のスタートアップ企業を2社紹介する。複数の産業にまたがる重要素材をリジェネラティブに変えていくことで、大きな市場で着実に利益を確保できることが見込まれる興味深い事例だ。

事例研究

有害懸念物質を安全で持続可能な物質に置き換える
――セプリファイ（スイス・化学ベンチャー）

スイスのスタートアップ企業セプリファイが開発したのは、植物由来のセルロース白色顔料だ。私たちの身近にある数多くの白い色の物質（真っ白なプラスチックや壁、化粧品、薬、食品など）には、酸化チタンから製造された白色顔料が使用されている。しかし、酸化チタンは人体に有害であることが懸念されており、ＥＵでは２０２２年に食品添加物としての使用が禁止された（ＥＵとスイス以外では禁止されていない）。そうした中、セプリファイは、酸化チタンに替わる白色顔料として、再生可能なプロセスでつくる安全な植物由来のセルロース白色顔料を開発した。

酸化チタンはイルメナイト鉱石やルチル鉱石など、天然の鉱物資源を原材料にしているが、セプリファイの白色顔料の原料は、農産物の収穫時に発生する野菜くずなどの非収穫部（農業残渣《さ》）や廃棄した食品などから抽出したセルロース（植物細胞）であり、サステナブルだ。同社は、昆虫界で最も白い虫と言われているシロコガネを徹底的に研究し、シロコガネの外骨格にある薄い鱗粉でできた粗くて多孔質な層の構造が、あらゆる波長の光を散乱させ、鮮やかな白色を発色させていることを突き止めた。この原理をヒントに、セルロースベースの微粒子を使って全く新しい白色顔料を開発した。(注14)

酸化チタンは、多くの工業製品に幅広く使用されているため、ＥＵだけでも市場は巨大だ。酸化チタンの代替品開発は多くの企業が取り組んでいるが、すでに製品があることと製造プロセスがサステナブルであるという点で、セプリファイは一歩先を行く。

人体への毒性や環境への悪影響が懸念される物質に対して、安全かつ再生可能な代替物質を迅速に開発できれば、大きな勝機をつかみ取ることができる。図表３・３に示したプラネタリーバウンダリーでは、新規化学物質の拡散は、気候変動をしのぐ重大な環境問題と位置づけられている。また、化学物質に関しては、かつて安全とされていても、新たに危険性が指摘され、規制対象となるものもある。鍋やフライパンのフッ素樹脂加工などでおなじみの有機フッ素化合物などがそれに当たる。

事例研究 天然素材由来の量子ドットで農業の肥料使用量削減に貢献
――カーボテック（マレーシア・化学ベンチャー）

2023年のノーベル化学賞は、「量子ドット」を発見した米国の3人の化学者が受賞した。選考委員会が「人類に最大の恩恵をもたらしつつある」と評した量子ドットは直径2～10ナノメートルの半導体微粒子で、太陽電池、テレビやディスプレーなどの発光材料、医療用のバイオマーカーや蛍光バイオイメージング、光触媒などに幅広く利用されている。量子ドットのサイズによって異なる色で発光するのが特徴だ。

従来の量子ドットはカドミウムなど有毒な化合物などを主原料としているが、マレーシアのプトラ大学発の化学ベンチャーであるカーボテックは、農業残渣《さ》からカーボン量子ドットを取り出す技術を開発した。同社のカーボン量子ドットは、天然素材由来であることが最大の特徴であり、カドミウムを使わないだけでなく、製造工程で利用するエネルギーも少なく、環境負荷が低い。

現在、カーボテックは、このバイオ量子ドットを農業の生産性向上に活用しようとしている。量子ドットは光を効率的に吸収する性質があり、農作物の葉にスプレーすると、しない場合に比べて光合成効率が30％アップし、収穫量が増える。これは、カドミウムフリーの量子ドットだからこそ

可能な利用方法だ。（注15）

光合成を促進することで、より少ない窒素で農作物が育つため、有機肥料などをうまく活用すれば化学肥料を削減することもでき、トレンド2で述べた反応性窒素を減らす効果が期待できる。現在、同社はベンチャーキャピタルなどからの投資を受けて、マレーシアとインドネシアでバイオ量子ドットを活用した農業を広めようとしている。（注16）

さらに、農業だけにとどまらず、カーボテックは、発電効率の高い太陽光パネルへの量子ドットの応用を進めている。（注17）また、例えば胃の内視鏡に応用すれば、少ない光で高感度な分析を実施できるようになるかもしれない。エネルギー業界や医療業界には、「将来規制される可能性の高い有害物質を早い段階で代替物質に置き換えておきたい」というニーズがある。セプリファイと同様に、「さまざまな産業で使われるキー素材を再生可能な方法で提供する」ことで、カーボテックは巨大市場を先取りできるかもしれない。

地球環境の限界が叫ばれる中、リジェネラティブ（再生可能）な経営を多くの企業が模索するようになるだろう。それに役立つ技術や製品を早期に開発できた企業は、大きな成長を手に入れるだけでなく、親亀を守ることへの貢献により称賛され、世界から求められる企業になるだろう。

SXの未来トレンド4

ASEANの成長を取り込め

日本企業にとって、「採取と拡散」を最小化しつつ、かつ、ビジネスチャンスの大きな地域はどこだろうか。それは欧州でも、北米でもなく、ASEANだと著者は考える。

その理由は次の通りだ。まず、日本企業は、欧州でのルールメイキングに入り込めていない。また、米国企業のように、成長領域に一気に投資し、スピーディに事業化を進めていく推進力も残念ながらない。

他方、ASEAN地域への市場参入という点では、現地企業との関係性でも、欧州や北米の企業に比べて日本企業に一定の優位性がある。また、日本とASEANでは、再エネ資源の少なさや製造業が盛んであることなど、企業環境の類似点も多い。そのため、サステナビリティをめぐる課題やソリューションで互いに利害が一致する部分も多く、手を取り合ってルールメイキングしていける可能性も秘めている。

そして何より、日本経済の大きな成長が望めない中、ASEAN市場の成長ポテンシャルは魅力的だ。経済成長率は日本の2・5倍以上あり、2029年にASEANのGDPは日本の2倍を超えると予測されている（図表3・5）。当然、サステナビリティ関連の市場も大きい。ASEAN市

図表3・5　ASEANでは人口増加・経済成長が続く

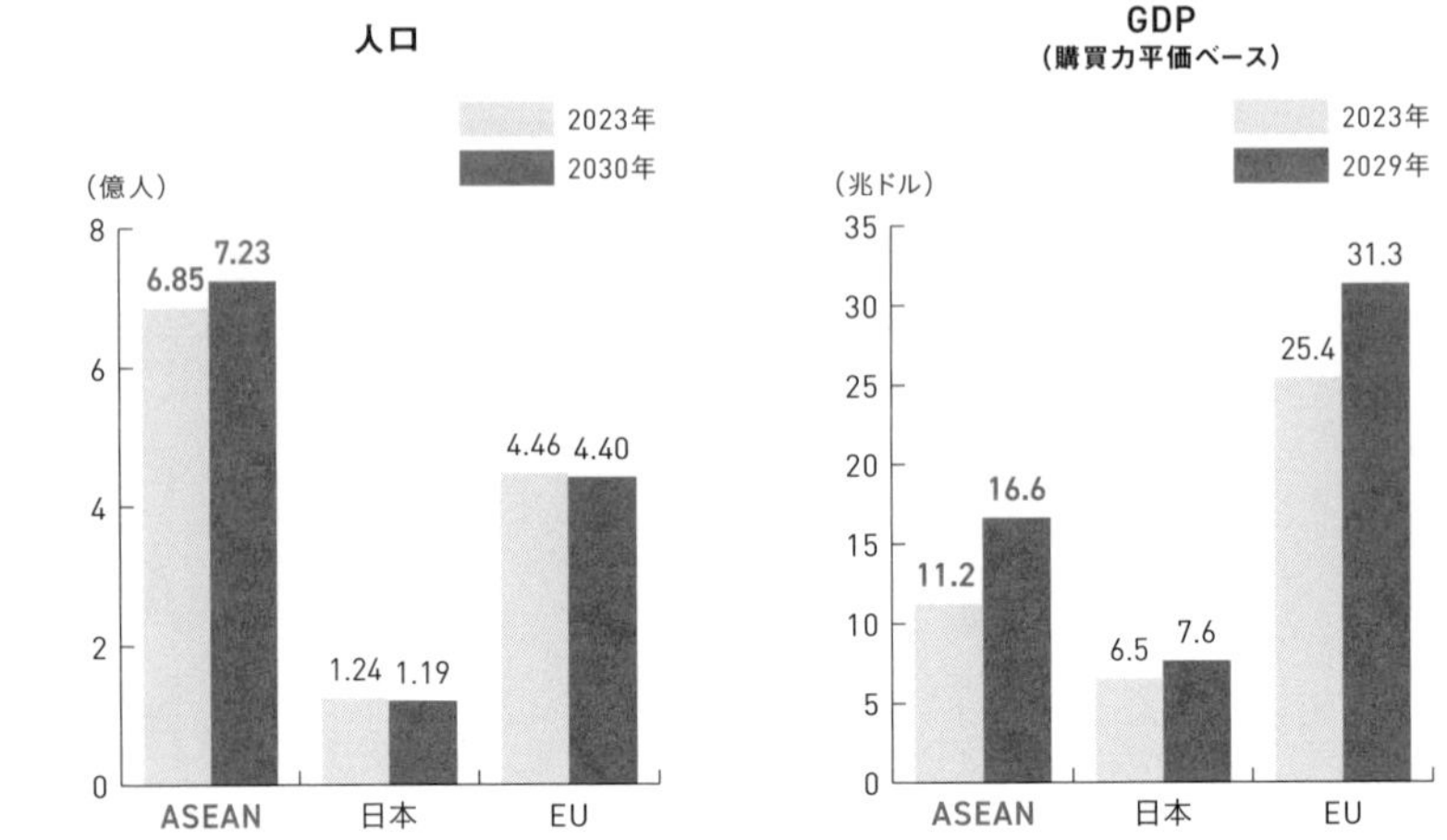

出所：人口は世界銀行「世界人口推計」、GDPはIMF「世界経済見通し」をもとにPwC作成

場の成長を取り込めるように、関係を強化していくことが、日本企業が持続的に成長できるかどうかの分かれ道になっていると言ってもいいだろう。

日本企業は欧米企業に比べてＡＳＥＡＮで一定の優位性があると述べたが、それにあぐらをかいていてはいけない。現在、中国やシンガポールなどの企業が、ＡＳＥＡＮのサステナビリティ市場に急速に触手を伸ばしつつある。ＡＳＥＡＮの一部には「日本企業は動きが遅い」「何もしてくれない」というマイナスイメージが広がっており、この重要市場を死守するためにも、採取と拡散を最小化した新しいサプライチェーンをこの地域でいち早くつくり上げ、サステナブル成長産業の育成と市場の確保を急ぐ必要がある。

今後、大きな経済成長が見込まれるＡＳＥＡＮには、より多くのエネルギー、資源、食料が必要であり、何も対策を講じなければ経済成長に伴って現状より何倍もの大量のゴミも発生するだろう。地球環境が限界を迎える中、従来と同じような「大量採取・大量拡散」で経済成長していくことは、ＡＳＥＡＮの国々も望んでいないし、地球環境を考えれば絶対に避けなければならない。求められるのは、採取と拡散を最小化したサステナブルな経済成長であり、その核となるのがサーキュラー化だ。

人口増加・経済成長が続くＡＳＥＡＮ

ＡＳＥＡＮでのサステナビリティ経営戦略を考える前に、基礎的なデータを押さえておくことが重要だ。まずは人口を見てみよう。世界銀行の予測によると、ＡＳＥＡＮ全体の２０２３年の人口は6億８５００万人で、その後、年率０・８％のペースで増加し、２０３０年には7億２３００万人になる。日本は２０５０年にかけて年率０・６％の減少、ＥＵ（欧州連合）は同０・２％の減少が見込まれているのとは対照的だ。

次に購買力平価ベースのＧＤＰを見てみよう。ＩＭＦの推計によると、ＡＳＥＡＮは２０２３年に11兆２０００億ドル（＊本書では、特に指定のない限り「ドル＝米ドル」）だったが、その後、年率６・８％のペースで成長を続け、２０２９年に16兆６０００億ドル、すなわち日本の2倍以上の規模に拡大する。ちなみに、この間の日本のＧＤＰ成長率は年率２・７％、ＥＵは同３・５％の見通しだ（図表３・５）。

一方、世界銀行が定める貧困ライン（一日当たり生活費6・85ドル以下。中所得国で基本的なニーズは満

図表3・6　ASEANの資源使用量は2060年にかけて急増する

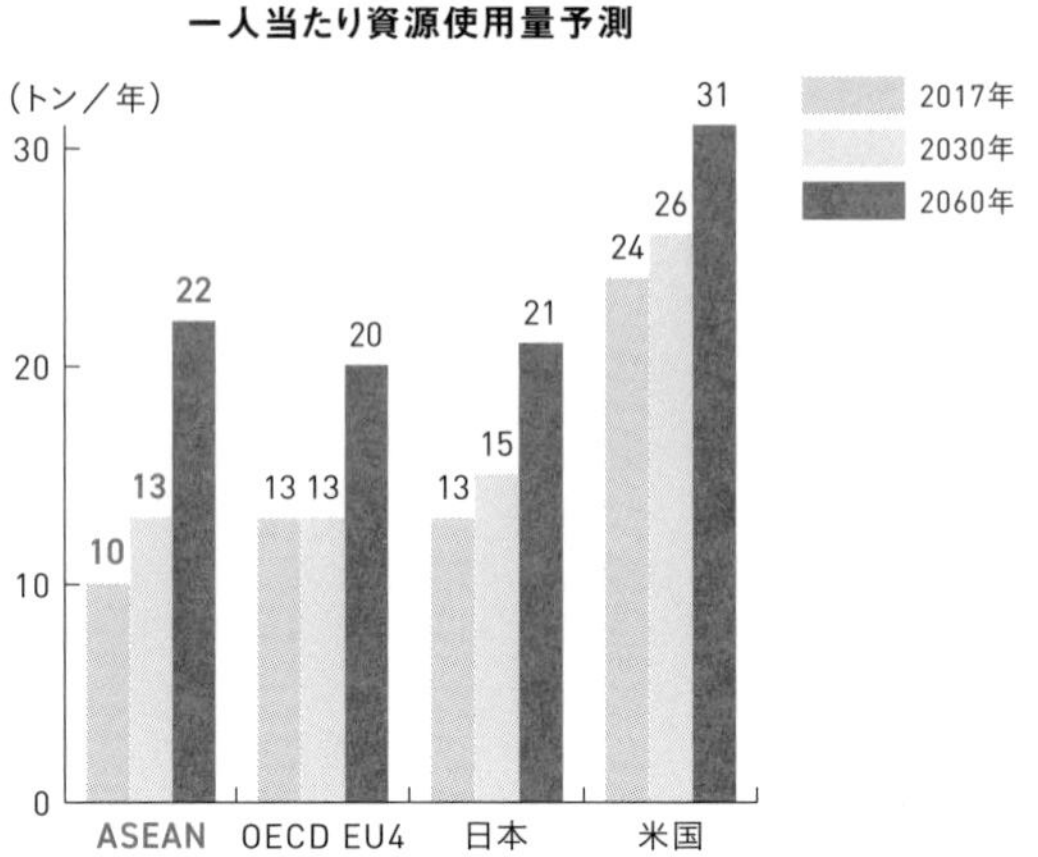

（注）OECD EU4：フランス、ドイツ、イタリア、英国の4カ国。各国の資源使用量を該当年の人口で按分して一人当たり資源使用量を計算。2060年は2050年の人口予測値を代替的に使用

出所：OECD（2019）, Global Material Resources Outlook to 2060: Economic Drivers and Environmental ConsequencesをもとにPwC作成

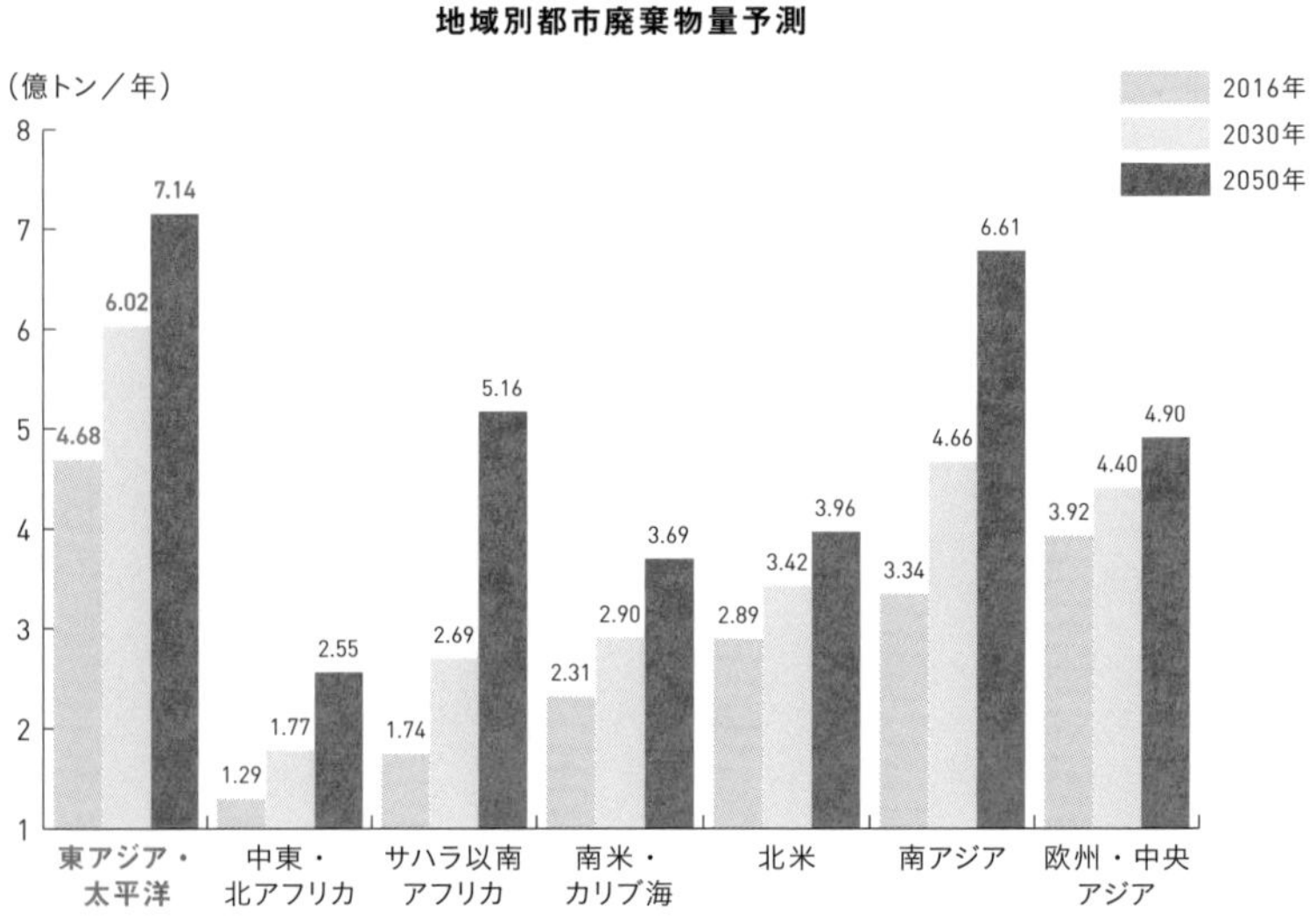

出所：世界銀行グループ「What a Waste 2.0: A Global Snapshot of Solid Waste Management to 2050」（2018年）をもとにPwC作成

たせるものの、生活の質は低く、教育や医療などのサービスへのアクセスも制約される収入ラインを指す）を下回る水準で生活する人口の割合を見ると、ＡＳＥＡＮ諸国の平均は47・7％で、欧州の３・７％に比べると格段に高い。(注18)このことからも、今後さらなる経済成長が求められていることがわかる。

人口が増加し、経済が成長すれば、それに伴って資源の利用・廃棄物の増加が予想される。ＯＥＣＤの２０１９年の推計によると、ＡＳＥＡＮの一人当たりの資源使用量は、２０１７年から２０６０年にかけて年１・９％のペースで増加し、２・２倍になる。

廃棄物に関しては、世界銀行の２０１８年の予測によると、ＡＳＥＡＮを含む東アジア・太平洋地域の都市廃棄物量は、２０１６年の４億６８００万トンから２０５０年には７億１４００万トンへと１・５倍に増加する（図表３・６）

ＡＳＥＡＮには全く新しい経済成長の形が必要

近年、米国による中国への半導体輸出規制や欧米諸国によるロシアへの経済制裁などに象徴されるように、経済が国家間の駆け引きの武器として使われるケースが増えてきている。そのため、重要な資源に関しては、資源枯渇のリスクだけでなく、友好国か自国内でできるだけ調達しようという経済安全保障の観点からの動きが各国で強まっている。そのため、今後は国家間の政治的駆け引きなどから、資源価格の上昇や資源の争奪戦が予想される。

そうした状況のなか、ＡＳＥＡＮでは、増加する物質的ニーズを満たすための経済成長と、廃棄物問題の解決などの環境の保全を両立していかなければならない。そのためには、採取と拡散を最小化するサーキュラー化が必須となる。先進国がたどってきた経済成長とは異なる全く新しい成長の形、すなわち「サステナブル成長」の形をASEAN自身がつくっていかなくてはならない。

これを実現するには、技術や資金が必要であり、そこで日本企業の出番となる。古くからのパートナー企業が多く存在するASEAN地域において、日本企業が求められているのは、**自らの技術力や資金を活用しながら、ASEANの「サステナブル成長」を後押し**することだ。**その対価として、ASEANの高成長の分け前をシェアしてもらえば、ウィンウィンの関係**を築くことができるだろう。

世界の「ゴミ廃棄場」の役割を担ってきたASEAN

ASEANでのサーキュラー化は、世界にとっても重要だ。ASEANには先進国のさまざまなメーカーやサプライヤーの製造拠点が集積しており、同地域は世界の製造工場の役割を果たしている。大量の製品を製造する過程で大量のエネルギーや資源を消費し、大量のCO_2を排出し、さらには、大量の最終処理廃棄物も受け入れてきた。つまり、先進国の負の部分をASEANが肩代わりしてきたわけだ。

図表3・7は、貿易に伴うCO_2排出量の押し付け度合いを地域別に示したものだ。商品の製造地と消費地が異なる場合、製造時に発生したCO_2や環境負荷の負担が不公平に製造地に課せられ

図表3・7　貿易に伴うCO_2排出量割合（2021年）（注19）

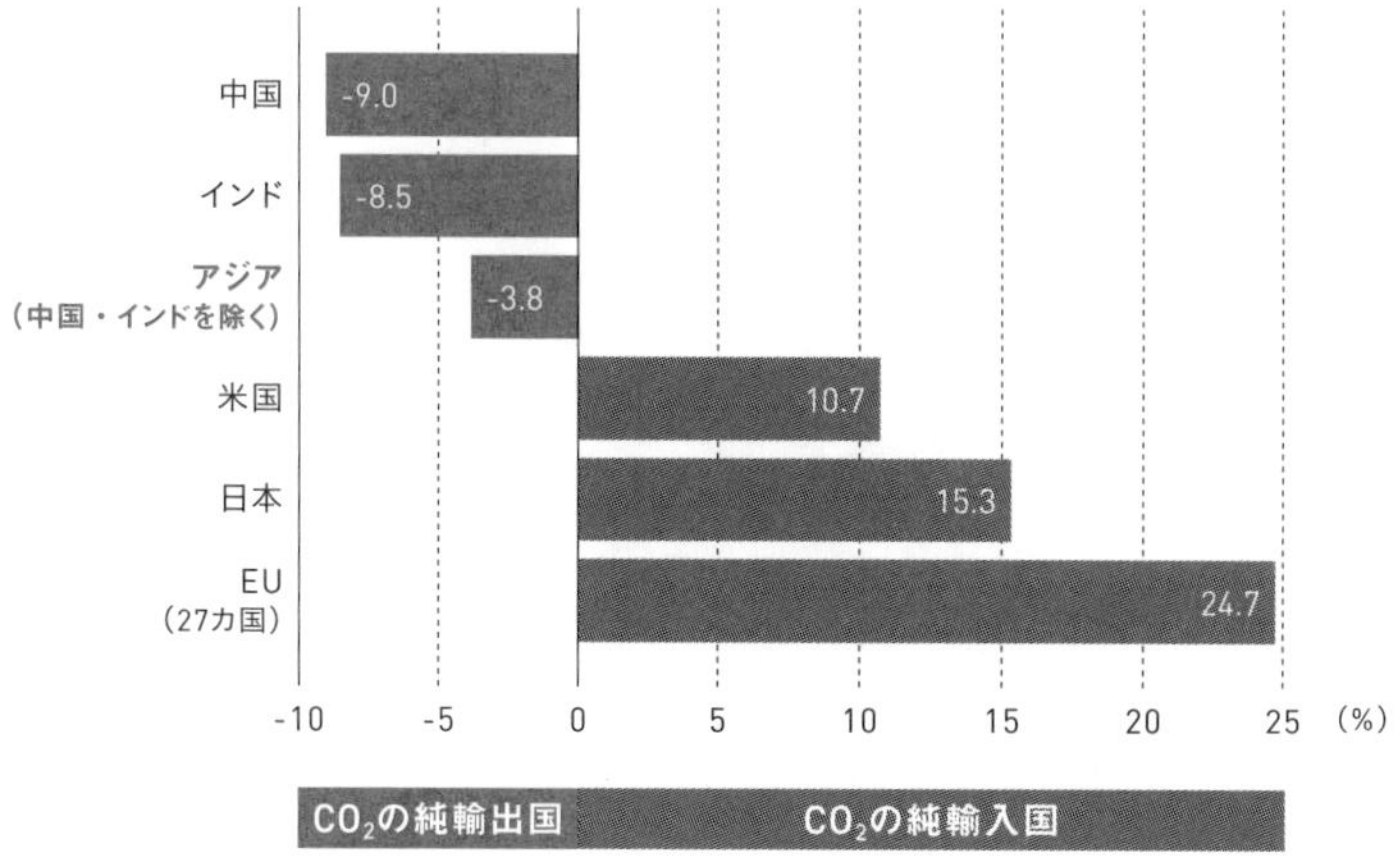

（注）国内CO_2排出量全体に対する貿易に伴うCO_2排出量の割合

出所：Global Carbon Budget（2023）– with major processing by Our World in Data. Share of CO_2 emissions embedded in trade. Global Carbon Project, Global Carbon Budgetをもとに PwCが作成

ることになる。商品の製造時に発生したCO_2を、貿易によってどれだけ輸出、あるいは輸入したかを示したのが、この図表だ。

排出量割合がマイナスだとCO_2の輸出超過、プラスだと輸入超過を示している。これを見ると、ASEANを含むアジアの国々は、CO_2の純輸出国、先進国はCO_2の純輸入国となっており、アジア諸国が先進国のCO_2排出の肩代わりをしている構図が見えてくる。

さらに、ASEANは世界の「ゴミ廃棄場」の役割も担ってきた。最終処理廃棄物の輸出入収支（輸入－輸出）を見ると、ASEANは44万8000トンの純輸入（輸入＞輸出）、先進諸国は欧州（純輸出70万2000トン）、日本（同76万6000トン）を筆頭に純輸出国（輸入＜輸出）となっている。ASEANでは特に、フィリピン（純輸入25万2000トン）やマレーシア（同15万5000トン）が主要な廃棄物受入国となってい

図表3・8　ASEANは先進国のゴミ廃棄場を担う

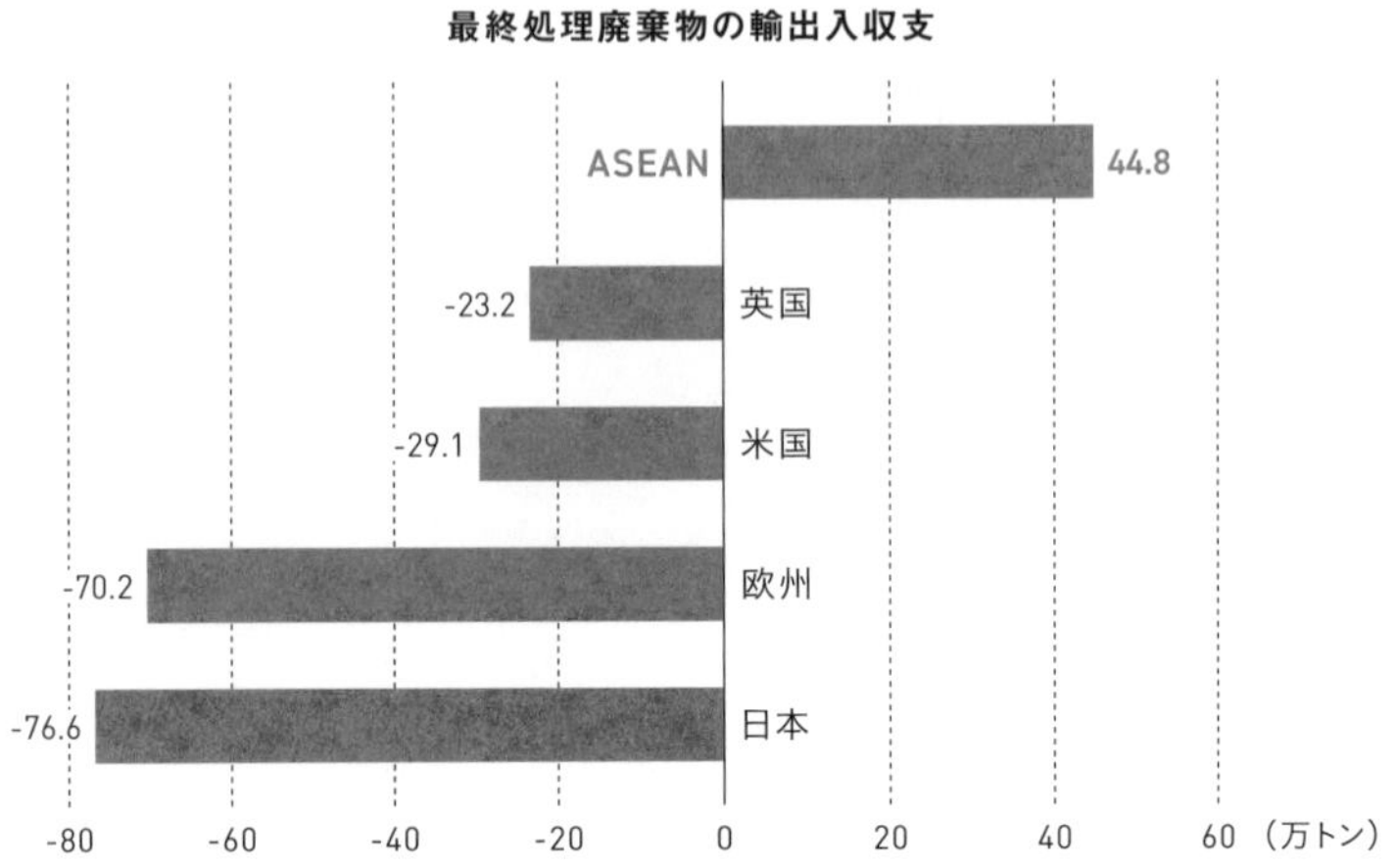

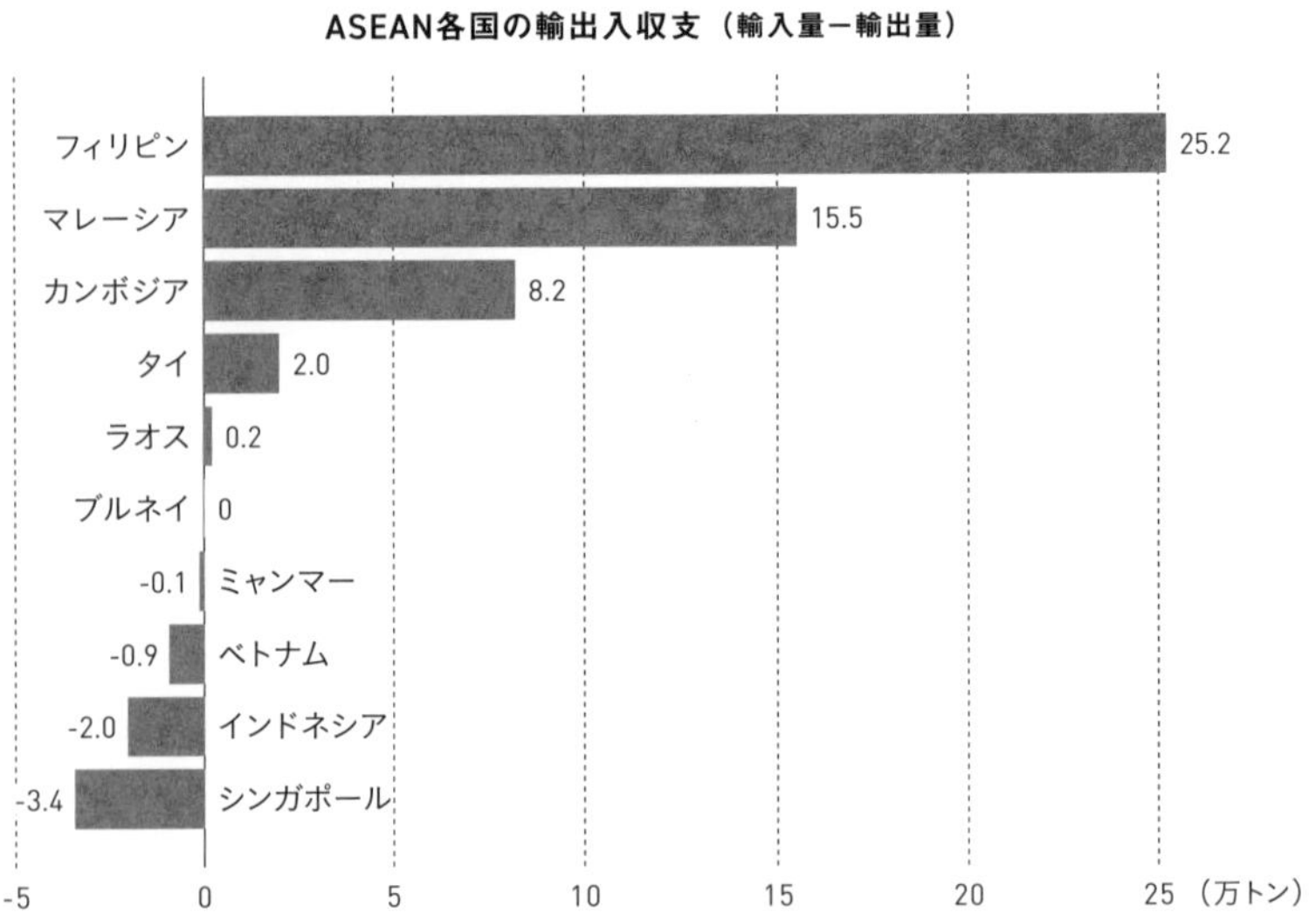

出所：UNEP "Global Material Flows Database" における2019年「最終処理・処分された廃棄物」をもとにPwC作成

る（図表3・8）。

ＡＳＥＡＮの国々はこの状況を問題視しており、特に、２０１７年に廃プラスチックの最大の輸入国だった中国が輸入禁止措置をとって以降、自国への輸入量が飛躍的に増加することへの懸念から、廃プラスチックに対する輸入規制の強化が進められている。こうした動きはあるものの、これまでＡＳＥＡＮを含むアジア各国が、自国の廃棄物だけでなく、先進国のゴミ廃棄場の役割を担ってきたことが、これらのデータから浮かび上がってくる。

だからこそ、この地域で廃棄物から資源を取り出し、原材料などとして再利用していくサーキュラー事業モデルを確立することの意義は大きい。それができれば、世界の工業製品の原材料調達のループを閉じること（クローズドループ）にもつながり、地球環境に極めて大きな貢献を果たすことになる。クローズドループは、サーキュラーエコノミーの基本的概念であり、消費された製品や廃棄物を新たな資源と捉え、そこから再び製品を生み出す流れが「閉じた輪」のように見えることから、この名前で呼ばれている。

今後、あらゆる企業が目指すべきは、自分たちが関わっている事業のサプライチェーンについて、「採取」から「拡散」へ向かう直線ではなく、「採取」と「拡散」を最小化したうえでループを閉じ、すでにあるものをぐるぐる回していくサーキュラー事業モデルを構築することだ。

ＡＳＥＡＮの資源再利用は始まったばかり

現状、ＡＳＥＡＮの廃棄物リサイクル率は、わずか２・５％にすぎず、ほとんど手つかずの状態といえる。(注20) 廃棄物の多くはオープンダンピング（開放投棄）で処理されている。また、適切なリサイクルの実施には静脈産業の発達が欠かせないが、ＡＳＥＡＮの静脈産業は未成熟だ。静脈産業とは、天然資源などを加工して「動脈産業」がつくり出した生活財や消費財のうち、消費され廃棄物となったものを集め、再加工や再販売などを通して、再び社会に流通させる産業のことを指す（人の体内の動脈は酸素や栄養素を運び、静脈は老廃物や二酸化炭素を運ぶ）。

ＡＳＥＡＮの静脈産業の中心で動いているのはインフォーマルセクター（ジャンクショップやウェイスト・ピッカーと呼ばれるゴミ拾いで生計を立てている人々など）で、廃棄物回収のほとんどを彼らが担っている。(注21) 彼らは拾い集めたゴミを処理場に持っていき、そこで買い取ってもらうのだが、処理場は非常に簡易なもので、集められたゴミは埋め立てられるか、山積みにされたまま放置されるか、海に投棄されるかで、全くサステナブルではない。

例えば、インドネシアの家庭系プラスチックはインフォーマルセクターによる回収が年間35万4900トン、フォーマルセクターによる回収が6万9900トンと推計されており、前者が後者の5倍以上の回収を実施している。(注22) 日本企業が現地で事業のサーキュラー化に取り組む際、こうした多数の無許可のインフォーマルセクターをサプライチェーンに組み込めるかどうかは、大きなチャレンジテーマだ。

域外に流出するリサイクル資源を取り戻せ

ここまで、ASEANで製造した商品が世界に輸出されて使用され、ゴミとなって再びASEANに輸出される様子を見てきた。最近になってシンガポール、マレーシア、タイ、インドネシアなどASEANの一部の国では、廃棄物の一部を資源に変える動きが出てきているが、残念ながら、回収されて取り出された資源の多くは域外に流出している。

例えば、プラスチックに関しては、ウエイスト・ピッカーが収拾してきたポリプロピレンやPETボトルを行政から許可を受けた事業者が買い取り、ペレットにリサイクルされる。ところが現在、EUなどではリサイクルプラスチックの価格が上がっているため、再生されたペレットは、当然、高く買ってもらえるほうに流れていく。

一方、金属に関しては、プラスチックとはやや状況が異なる。金属のリサイクルは、精錬所での溶解・分離が必要となるため、プラスチックのリサイクルよりも大きな金額の設備投資が必要だ。そのため、金属リサイクルを担える現地のプレーヤーはそれほど多くなく、電子機器などを壊して金属を分別するところまでを手がけ、分別済みの金属はリサイクル処理施設のある国に輸出されていくケースが多い。統計データはないが、2023年10月に著者が行った現地インタビューでは、大部分が中国に輸出されていると複数の事業者が回答した。

日本企業がこの地でサーキュラー化を考える際、現状のようにリサイクル資源が域外に流出しているとループを閉じることができなくなってしまうおそれがある。と同時に、将来、**ASEAN域内で原材料確保が危うくなる可能性がある。**資源調達を安定化させるためにも、現地の企業と連携して域内で資源を循環させる流れをつくっていく必要がある。

その方策だが、プラスチックに関しては、高いクオリティーのリサイクル技術を持つ現地プレーヤーが少数ではあるものの出てきており、こうした企業と組むのが現実的だ。前述のように現状では欧州が再生されたプラスチックを高い値段で購入しているが、この価格には輸送費が含まれている。欧州が購入している価格から輸送費を差し引いた値段以上であれば、現地市場でリサイクルプラスチックが流通するだろう。金属に関しては、分別した金属を日本や韓国、インドなど精錬施設がある国まで輸送して再生する、あるいはASEAN域内で事業者を育成する方法もあるが、大規模な設備を必要としない全く新しい技術を利用するという選択肢もある。例えば、以下に紹介するような技術だ。

事例研究

微生物を活用して希少金属を抽出
――ミントイノベーション（ニュージーランド・化学ベンチャー）

ニュージーランドのスタートアップ、ミントイノベーションは、微生物を用いたバイオソープション（生物機能を用いた金属吸着）による電子ゴミのリサイクル技術を開発した。従来の金属リサイクルは、大規模な設備や強力な薬剤、ノウハウが必要だったが、この新しい技術では、低環境負荷の薬剤と微生物の力を使って金属ゴミから金、銀、銅を取り出すことができる。

例えば金の抽出は、金に吸着する性質のある特殊な微生物を投入し、金の固まりが大きくなったところでふるいにかけ、その後、微生物を焼却して金だけを取り出す。このやり方だと設備はコンパクトで、投資金額も安くて済む。従来の精練する方法に比べてCO_2排出量を90％以上削減、電気や水の使用量を50分の1に削減できる。環境負荷だけでなく、オペレーション・コストも従来に比べ圧倒的に低い。

日本企業がファーストムーバーとして、こうしたイノベーティブなスタートアップと組み、ＡＳＥＡＮにおける金属のリサイクル・バリューチェーンをいち早く築くことを検討するのも一案だ。スタートアップ企業と組む際には、出資や提携だけでなく、前述のように顧客として長期購買契約を締結することも、スピーディにプロジェクトを前に進める力になるだろう。スタートアップにとってはそのほうが、資本関係を結ぶよりも安心して自社の事業拡大や技術開発に投資できる。それによってスケールを実現できれば、スタートアップが提供する技術やリサイクル素材の価格は、結果として低下していく。

日本が主導しＡＳＥＡＮでのループを閉じる

ここまでの内容をまとめると、ＡＳＥＡＮは世界の製造工場として製品をつくり、その製品は先進国など他の地域に輸出されて利用・消費された後、廃棄物としてASEANに戻ってくる。その廃棄物をリサイクルによって資源につくり変え、域内での製品製造に結びつけてループを閉じる。これを実現することが、これから経済成長を続けるASEANにとっても、ASEANにサプライチェーンを持ちこの地域の成長を取り込みたい日本企業にとっても、両者がウィンウィンになれる必要不可欠な取り組みになると述べてきた。

ヨーロッパでは今、脱炭素の次にサーキュラーエコノミーが注目を集め、法整備も含め、取り組みが進められている。しかし、世界の工業製品の主要なループは、ASEANから始まり、ASEANで終わっている。ASEANでループを閉じなければ、真の意味で、世界レベルでのサーキュラーエコノミーは達成できない。日本企業はそれをリードしていくことができる絶好の立場にあり、この千載一遇のチャンスをぜひものにしてほしい。

SXの
未来
トレンド5

バリューチェーンの改革者たれ

トレンド1で紹介したフィリップスが画像診断装置をサーキュラー化した事例では、製品ユーザーはこれまで通り（あるいはこれまで以上）のサービスを享受しつつ、その裏で動いているバリュー

図表3・9　サーキュラービジネスの進化の4段階（製造業の場合）

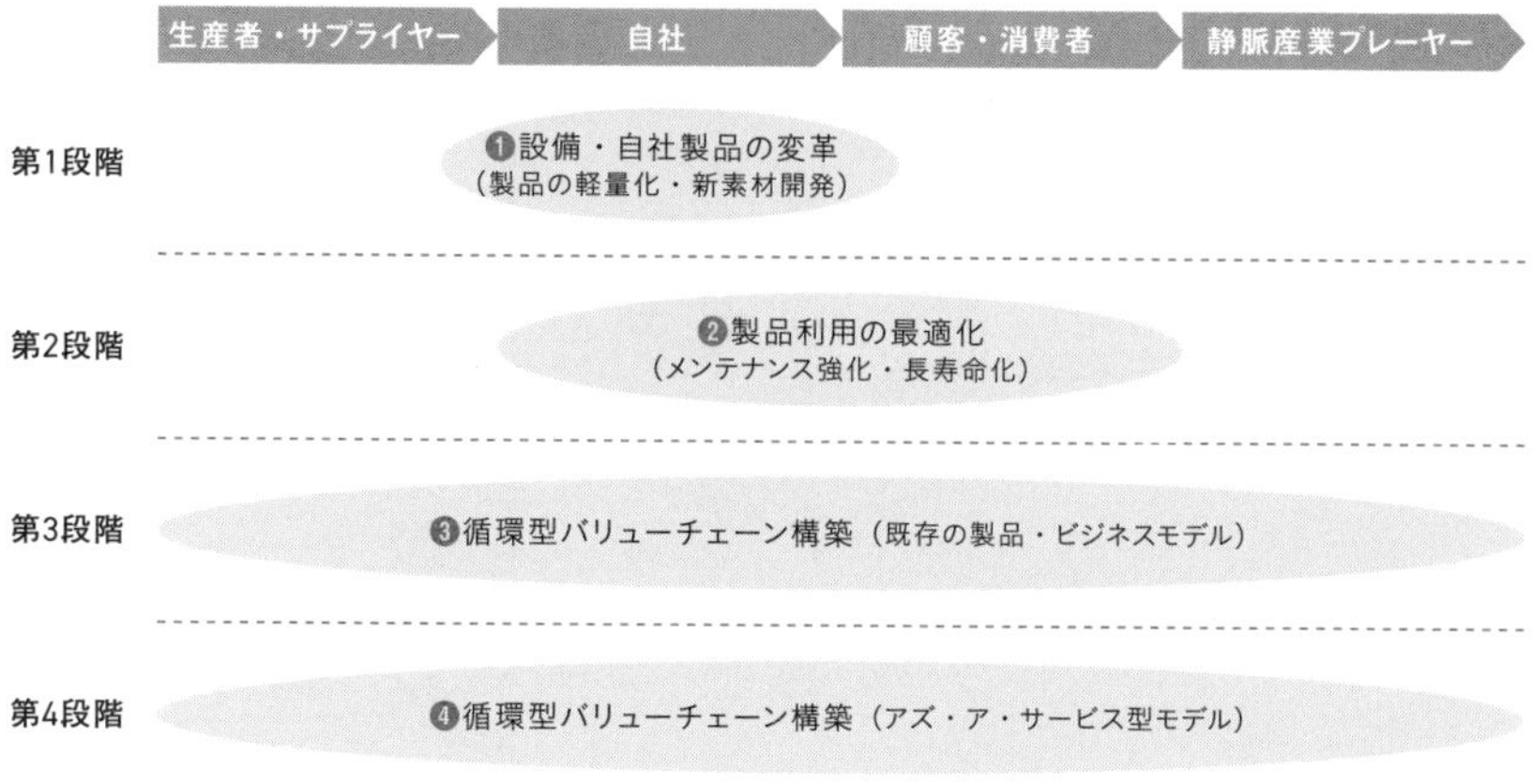

出所：PwC作成

チェーンを、地球環境を守るための新しい形に変えていった。サステナビリティ関連の製品を受け入れてもらうために、ユーザーに負担をかけていない（ユーザーのサステナビリティに関する意識変革を期待しなくてもいい）点で、理想的な取り組みだ。

フィリップスは、特定物質の使用削減、環境に配慮した循環型設計（エコデザイン）、製品のエネルギー効率の向上、手厚いアフターサービス、部品交換やソフトの最新アップデートなどによる製品の長寿命化、使用済み中古品を回収して再整備し販売するリファービッシュ事業、責任ある使用済み製品管理、再生が不可能な部品は埋立廃棄されないよう認定された方法により地元でリサイクルするなど、原材料の調達から使用済み部品のリサイクルまで、バリューチェーン全体を大胆に変革した。

スケールをもってサーキュラー化を実現するためには、この事例のようにバリューチェーン全体の改革が必須となる。ただし、いきなりすべてを変えようとしても難しい。まずは、自社内でできることから始めて、その後、徐々に外へ広げていくのがいいだろう。図表3・9に、サーキュラービジネスの進化の四つの段階を示した。横軸はバリューチェーン、縦軸は進化の段階を表している。

第1段階　設備・自社製品の変革（製品の軽量化、新素材開発など）

まずは自社内で完結できることに目を向けよう。例えば、製品を軽量化して使用する原材料の量を減らす、新しい素材を開発して環境負荷の高い物質と置き換えるなど、製品の設計を変更したり、環境に配慮した素材を新たに開発したりすることだ。

自動車であれば、軽量化した分、燃費が向上する。使用する鉄やプラスチックの量も減る。つまり、炭素に関する採取と拡散も最小化され、同じ素材であればコストも低減する可能性が高いので、早い時期から行われてきた。ファッション業界でも、ポリエステルなどの化石燃料由来の素材の代替として、廃棄されてきたパイナップルの葉から新しい繊維を開発するなど、環境負荷が低いさまざまな新素材を開発するスタートアップ企業などとの連携が進みつつある。(注23)いずれも、自社内で完結するため、着手しやすい。

第2段階　製品利用の最適化（メンテナンス強化・長寿命化など）

第2段階では、顧客の製品利用の最適化を図る。具体的には、製品がより長く使われるために、部品の修理・交換、ソフトウエアのアップデートなど、アフターサービスやメンテナンスを強化する。それによって新たに生まれる廃棄物の量と、買い替えの新規需要を減らす。

建設機械大手のキャタピラーは、「リビルドプログラム」という車両の修理事業を展開している。全製品を対象として（キャタピラーが定める要綱に基づき）コンポーネントを分解、摩耗部品を計測・判定し、不具合のある部分だけを取り替えることで、顧客に製品を長く使ってもらえるようにしている。顧客は、製品を長く使えるのでコストを大幅に抑えられるとともに、購入時と同等の性能と生産性を期待できる。(注24)加えて、Cat Remanという取り組みでは、不具合のあった部品や耐用期間が終了した製品を回収したうえで、それらを新品同様にリサイクルし、交換部品として顧客に提供している。このプログラムでキャタピラーは、耐用年数を経過した約6万7000トン以上の材料を再利用し、原材料の使用量を削減している。(注25)

製品の長寿命化を図ると新製品が売れなくなり、業績に悪影響が及ぶと考える人がいるかもしれない。けれども、すでに述べた通り、地球が限界を超えない範囲内で企業が活動していくためには採取と廃棄の最小化が不可欠であり、すでに製品や廃棄物として世の中に生み出されたさまざまな物質を資源と捉え、ぐるぐる回していくサーキュラーエコノミーへの移行が不可欠だ。つまり考え方を、リニアエコノミー（大量採取、大量生産、大量廃棄を前提とした直線的経済）からサーキュラーエコノミーへ根本的に転換できないと、業績悪化どころか原材料を調達することが困難となり、操業停止となるリスクさえある。

サーキュラーエコノミーの発想によるビジネスは、顧客との接点が製品販売時の「点」ではなく、販売後もアフターサービスを強化して顧客と継続的に接して「面」にするのが基本だ。これをさらに進化させると、所有権を保持したまま顧客に製品を提供し、使用料を取る代わりに製品を定期的にメンテナンスし、利用が終わったら回収する「アズ・ア・サービス（製品機能のサービス化）型」になり、単発での売り上げではなく、長期にわたる売り上げが見込める。

アフターサービスの強化は、顧客（製品ユーザー）にとっても、購入した製品をより長く使えるので経済合理性があり、メーカーやブランドに対するロイヤルティーが高まり、ウィンウィン関係になりやすい。

第3段階 循環型バリューチェーンの構築（持続可能な原材料、静脈物流整備など）

この段階では、改革の対象を「自社内」「顧客」のさらに外側に広げ、「生産者・サプライヤー」などの上流部分や「静脈産業」などの下流に踏み込んでいくので、実行の難易度は高い。具体的には、持続可能な原材料の生産・調達、使用済みの製品を回収し、修理やリサイクルをして再利用する仕組みを整えることなどだ。すでに紹介した例で言えば、前者は味の素のタイにおけるキャッサバ農家への支援、後者はフィリップスの画像診断装置のリファービッシュ事業などが当てはまる。

自社のコントロールが効きにくいところでの改革なので、難易度は高い。「生産者・サプライヤー」を改革の対象にしたときのハードルは、短期では利益に結びつかないという点だろう。持続可能な原材料の生産・調達は、将来を見据えての息の長い取り組みになるので、中長期的なメリットを投資にどう織り込めるかがポイントとなる。また、「静脈産業」の整備においても、例えば、使用済みの自社製品の買い取り価格をどう評価するかで仕組みがうまく回るかどうかが左右される。フィリップスが使用済みの画像診断装置の回収を始めた当初、「物質的価値」のみでは査定価格が低くなり、回収率が伸びなかった。だが、アフターサービスを強化すれば顧客の囲い込みにつながる、という非物質的な価値を中古製品の査定に反映させて買い取り価格を引き上げ、回収率を上げていったという。

また、ベルギーのノースシーポート（北海港）では、スイスの大手化学メーカーであるプロマンを含む10社の官民パートナーによって２０２０年より、グリーンメタノール製造に向けた取り組みが進められている。このノース・C・メタノール・プロジェクトは、地元の鉄鋼業社などから排出されるCO_2と、風力発電で製造されたグリーン水素を利用し、化学メーカーがグリーンメタノールを製造するという取り組みだ。(注26)「メタノール」という基礎素材の製造の採取と拡散を最小化するために10社の異業種連携を進める興味深い事例だ。

「生産者・サプライヤー」や「静脈産業」での変革では、いずれも中長期的な視点と、部門単体ではなく事業全体での収支や付加価値を評価して取り組む姿勢が欠かせない。

第4段階 循環型バリューチェーンの構築（ビジネスモデル全体の変革）

本格的に循環型バリューチェーンを構築するには、ビジネスモデル全体を刷新する必要がある。製品の企画・開発段階で、持続可能性のある原材料や素材を選び、モジュール単位での部品交換など修理やリサイクルなどをあらかじめ考慮した循環型設計を取り入れることなどが、この段階でやるべきことだ。そのうえで、第2段階で述べた「アズ・ア・サービス型」に切り替えれば、より効果が大きくなる。

この段階では、自社の事業構造を根本的に変え、バリューチェーンもつくり変える必要があるため、現在のところ大規模な成功例は少ないが、一部の企業ではすでに取り組みが進められている。

タイヤ大手のブリヂストンがトラック・バス用タイヤで展開している「エコバリューパック」の中の「トータルパッケージプラン」はその一例だ。タイヤの状態の点検や交換を含めたタイヤ関連のメンテナンス全体を請け負い、回収までトータルで責任を負う。顧客である運送会社やバス会社は、タイヤのメンテナンス業務から開放される。このサービスでは、摩耗したトレッドゴムを新しく貼り替えたリトレッドタイヤも積極的に活用している。タイヤの所有権はブリヂストンにあり、顧客はサービスの利用料を支払う。利用料は、車種・車型、積み荷、ルート、走行距離などの使用実態を調査したうえで決められる。(注27)

採取と拡散を最小化し、地球環境の限界の中で企業が活動を継続していくには、バリューチェーンを変革し、サーキュラー化を実現していくしかない。そのためには、この第4段階を目指して、ビジネスを変革していってほしい。

SXの未来トレンド6

分散型投資からシステミック投資へ

システミック投資というコンセプトが新たに登場している。今後の重要なトレンドとなると思われるため、ここで紹介しておきたい。

従来の投資は、リスクを最小化するために分散投資を行ってきた。既存のシステムの中に存在する投資対象であれば、リスク・リターンを考えると従来型の投資は合理的だ。しかし、SXのように全く新しいシステム(EVシステム、再エネシステム、外部不経済を最小化する食料システムなど)を構築する必要がある領域においては、従来型の投資は逆に不利になる。なぜなら、従来型の投資は、投資先を分散してリスクを下げることが主目的であり、新しいシステムが無事に立ち上がり機能する

図表3・10　システミック投資と他の投資の違い

投資の種類	目的	リスクと機会の捉え方	関連するステークホルダー
通常の投資	財務リターンの獲得	リスクを分散し、個別の機会を追求	個別のプロジェクトに企業・投資家が投資
インパクト投資	財務リターンの獲得＋環境・社会課題の解決	リスクを分散し、個別の機会を追求	個別のプロジェクトに企業・投資家が投資
システミック投資	財務リターンの獲得＋環境・社会に関連するシステム全体の問題解決	相互に関連するシステム全体でリスクと機会を捉え、より根本的な問題解決にアプローチ	多様なステークホルダーが関与（投資家、企業、行政、NGO、大学・研究機関など）

出所：PwC作成

かどうかという俯瞰《ふかん》的な視点は持ち合わせていないからだ。けれども、いくらリスクを分散しても、新しいシステムが機能しなければ、そのシステム上にある個別の投資案件も失敗に終わる可能性がある。

それに対し、システミック投資は、点ではなくシステム全体、あるいは影響を及ぼし合う複数のシステム全体を把握し、そのシステムを機能不全にしたり、儲かるものにしたりするポイントを押さえたうえで、それらのポイントに同時に投資する。そうすることで、システムを儲かる仕組みとして機能させ、リターンを確保する狙いがある。サステナビリティビジネスに関する投資については、「経済的リターン」を重視する従来型投資に対して、「経済的リターン」と社会問題の解決などの「社会的リターン」の両方を目指すインパクト投資が注目されてきた。しかし、インパクト投資も結局は分散投資を行ってきたため、システム自体を機能させられず、結局「経済的リターン」も「社会的リターン」も得られないという批判が生まれている。

システミック投資は、個別のプロジェクトを通じて社会への影響をもたらそうとするインパクト投資とも、リスクを分散し、個別の投資機会を追求する従来型の利益追求投資とも大きく異なる考え方だ。

例えば、スイスを拠点にシステミック投資を推進するトランスキャップ・イニシアティブは、金融界・産業界とともに、同国のモビリティシステム全体を低炭素で気候変動に強い仕組みに変えるための投資を進めようとしている。取り組んでいるのは、充電インフラの整備や、公共交通機関や物流企業が電動車両の導入を進めるためのローンや補助金の提供、スマートシティ技術を活用した交通信号の最適化やエネルギー効率の改善、自転車インフラの整備や歩行者空間の拡大などだ。「低炭素モビリティシステム」の実現に必要な要素を、さまざまなステークホルダーとの対話を通じてあぶり出し、変革のレバーを特定して同時並行的に投資を進め、モビリティに関する根本問題の解決を目指す試みだ。(注28) まだ生まれて間もない概念であり、投資の実態やリターンは定かではないが、「個別投資ではシステムが機能せず、結局、社会的リターンも経済的リターンも得られない」というケースにおいては、この考え方に大いに学ぶ点がある。

既存のシステムの中での利益追求を行う従来型の投資であれば、ポートフォリオを分散し、リスクを最小化することは合理的だ。しかし、SXはシステムそのものの再構築が求められる。SXやサーキュラー化に取り組む場合、ある特定の部分を対症療法的に変えていくのではなく、システムを根本から変えないと効果が現れないことも少なくない。そのため、投資を考える際に、システミック投資の考え方が参考になるはずだ。

第4章

サーキュラー化への五つのステップ

いよいよ本章では、サーキュラー化に関して、何を、どこで、どうやって取り組むのかの具体論に入る。やるべきことはたくさんあるので、まずは優先順位をつけ、ターゲットとする市場などを定めていく。それらを五つのステップに整理した（図表4・1）。なお、ここで示した五つのステップは、①から順番に進めるというよりも、①から⑤を行ったり来たりしながら、対象を絞り込んでいくイメージだ。

各ステップについて、それぞれ詳しく見ていこう。

ステップ① 採取と拡散の観点から高緊急度の物質を特定

地球環境の限界内で今後も事業を続けていくためには、サーキュラー化の緊急度の高い物質を特定する必要がある。その特定のために作成してほしいのが、自社における「採取と拡散のフレームワーク」だ（作成に当たっては、第5章で示す業界別の「採取と拡散のフレームワーク」を参考にしてほしい）。採取から拡散までの流れとそれらが及ぼす影響を図にすると、バリューチェーン全体の採取と拡散の全体像を把握することができる。

この先、自社にとって最もリスクがあるのは、原材料として使っている特定の鉱石の採取なのか、それとも最終製品として廃棄されるプラスチックの拡散なのか。食品・飲料メーカーであれば、反応性窒素の拡散の影響によって今後、継続的に原材料が確保できなくなるおそれはないか、原材料

図表4・1　サーキュラー化の五つのステップ

ステップ① 採取と拡散の観点から高緊急度の物質を特定	自社のバリューチェーン全体で環境負荷をどれだけ生み出しているか、すなわち、採取と拡散の度合いを物質別に調べ、サーキュラー化が必要な緊急度の高い物質を特定する
ステップ② 経済合理性の観点から高緊急度の物質を特定	ステップ①は環境の側面から、ステップ②は経済合理性の観点から、サーキュラー化が必要な緊急度の高い物質を特定する
ステップ③ ASEANの可能性を見直す	サーキュラー化事業を実施する地域を絞り込む。従来の検討に加え、サステナビリティ市場として成長の可能性が非常に高いASEANの可能性をもう一度検討する
ステップ④ サーキュラー化実現で足りない要素を特定	ステップ①と②で高緊急度の物質を特定後、サーキュラー化する具体的方法をバリューチェーン全体で検討し、足りない要素を特定する
ステップ⑤ 他社と協働で足りない要素を補う	「自社でやること」と「他社と協働すること」をどう組み合わせればバリューチェーン全体でサーキュラー化を実現できるかを考え、手を打っていく

出所：PwC作成

を生産する農家で水を使いすぎ、中長期的に水不足となり原材料に支障を来す可能性はないか、などを検討する。

製造業は多くの場合、工場でのエネルギー源として電気や石油を使用（つまり、エネルギー会社を通じて間接的に炭素を採取）し、原材料として炭素、鉱物、窒素を調達（調達先を通じて間接的に採取）し、製造において多くの水を採取・使用し、その結果としてCO_2、プラスチック、鉱物、窒素化合物、水を拡散させ、気候変動や水質・大気・土壌汚染、生物多様性に負の影響を与える。

これらはあくまで例なので、自社のビジネスに沿った物質の組み合わせを検討し、自社の採取と拡散の問題点を総合的に把握してほしい。

ステップ②

経済合理性の観点から高緊急度の物質を特定

地球環境の側面からだけでなく、経済合理性の観点からサーキュラー化の緊急度を考えることも重要だ。環境面から見て対象となる物質が複数ある場合は、経済合理性の高いものから着手すべきだろう。

経済合理性は、物質とビジネスモデルの両面から検討する。ビジネスモデルでの検討は「ステップ④ サーキュラー化実現で足りない要素を特定」で述べる。物質面での検討では、鉱物資源、化石資源、窒素を中心とした自然資源の三つに分類して考える（図表4・2）。

鉱物資源は、資源枯渇や地政学的リスクから価格が上昇傾向にあり、すでに製品に使用されている物質を回収、抽出し、再利用することに経済合理性が生まれつつある。例えば、電気自動車の普及に伴いバッテリーに使用されるリチウムやコバルトは需要が右肩上がりで増加しており、2030年頃には需要が供給を上回るという予測もある。(注1) 希少性が高まり価格が高騰すれば、こうした資源を使用済み製品などからコストをかけて回収し循環利用することが経済合理性を持つようになる。

また、ウクライナ問題などで顕著に現れているように、西側諸国と中国、ロシアの分断が深まるにつれ、政治的に摩擦を起こしている国に鉱物の重要資源を依存していることがリスクとなり始め

図表4・2　物質を三つに分類し経済合理性を検討

	特徴	製品・資源の例
鉱物資源	**経済合理性が高い**	レアメタル入り電子機器、自動車、航空機、船舶、建機
化石資源（主に炭素）	経済合理性は低いが、**社会的要請が高い**	ペットボトル、家電プラスチック、排出CO_2
自然資源（主に窒素）	経済合理性は低いが、**人々の生存基盤**である	食品、土壌、森林、海洋

出所：PwC作成

ている。こうした地政学的リスクを避ける一つの方法は、すでに自国内に存在する資源を再利用することだ。ある意味で、資源枯渇と地政学リスクが、サーキュラー化の経済合理性を生み出す追い風になっている。

二つ目の化石資源（主に炭素）の代表例は、PETボトルや家電製品などに使われているプラスチックや、エネルギー使用時に排出されるCO_2などで、それ自体に残余価値、すなわち耐用年数が経過した後に残る価値はない。したがって、循環利用することへの経済合理性は極めて低い。一方で、こうした物質の循環利用は気候変動対策やプラスチックゴミ対策に貢献するため、サーキュラー化への社会的要請は非常に高い。そのため、炭素税の導入や拡大生産者責任（EPR）など、炭素循環の経済合理性を生み出す仕組みづくりが加速している。

三つ目の自然資源は、窒素や炭素などのさまざまな物質からなる有機物、すなわち、動植物や菌類、昆虫などを含む生態系を指す。これらは自然の法則に従って循環していたものだが、現在、経済活動が大きくなりすぎて、その影響が自然の循環の許容力を超えようとしている。現在の経済活動レベルを維持しながら自然資源を循環利用するためには、新しい素材開発や無駄を削減するためのデータシステム構築などへの投資が必要となる。だが、自然資源の経済価値が低く見積もられているため、そのような活動の経済合理性は低い。一方、自然資源は人々の生存基盤であり、循環させることへの社会的要請は高いといえる。自然資源を含む生態系は非常に複雑なシステムだが、特に窒素の循環が今後のキーポイントだ。前述のように、化学肥料として大量に農地に投入されている反応性窒素の半分以上が土壌や海洋などに流出し、窒素汚染を引き起こし、生態系に危機的な影響を与えている（詳細は第3章「SXの未来トレンド2」）。

窒素も生態系も、本来は非常に重要なものであるにもかかわらず、人間が利用した後に再生させ、大きな自然の循環を維持していく経済的なインセンティブがない。炭素税に類似する仕組みをつくり、自然の正常な循環を取り戻す活動に経済合理性を生み出そうとする動きもあるが、議論は始まったばかりだ。

ここまで鉱物資源、化石資源、自然資源の三つに分けて経済合理性の違いを見てきた。この観点から考えると、鉱物資源、化石資源、自然資源の順番でビジネスを考えるべきだが、自然資源や窒素の問題を先送りしてよいということではない。炭素税の仕組みづくりに日本企業が乗り遅れたことや、フィリップスが15年も前から鉱物資源のサーキュラービジネスに取り組んだり、マースクがグリーンアンモニアのサプライチェーンをつくり実装に乗り出したりしていることなどを考えると、チャレンジングな方法ではあるが、最も難しい分野から取り組んで優位性を築くというアプローチもあるかもしれない。

ステップ③ ＡＳＥＡＮの可能性を見直す

日本企業にとってのＡＳＥＡＮ市場の重要性については第３章「ＳＸの未来トレンド４」ですでに述べた。ＡＳＥＡＮは世界の工場の役割を果たしており、ＡＳＥＡＮの企業をサプライチェーンに組み込んでいる日本企業も少なくない。また、Ｂ２Ｃ企業にとっても、成長するＡＳＥＡＮ市場は魅力であるし、日本よりもＡＳＥＡＮの消費者のほうが、サステナビリティへの感度が高いという調査結果もある。(注2) ＡＳＥＡＮの旺盛な消費意欲を持続的に満たし続けるビジネスモデルをつくれた企業が勝ち組になっていくだろう。

成長するＡＳＥＡＮのサステナビリティ市場が日本企業にとって重要であることを著者が提唱し始めて2年近くになるが、ここ半年、日本政府の動きも活発になりつつある。自分たちが裏庭だと思っていたＡＳＥＡＮに、中国企業の進出が顕著になってきて、日本の影響力に陰りが見え始めているためだ。

２０２３年12月に東京で開催された日本ＡＳＥＡＮ友好協力50周年特別首脳会議では、ＡＳＥＡＮが世界の中心的な自動車生産・輸出ハブであり続けるための戦略を協力して策定・実施する「日ＡＳＥＡＮ次世代自動車産業共創イニシアティブ」の立ち上げが宣言された。自動車産業のバリューチェーン全体の脱炭素化、戦略物資の信頼・信用できる供給源を促進する強靭で信頼できるサプライチェーンの構築、電気自動車・ハイブリッド車を含む多様なポートフォリオの生産・輸出の実現などを、各国間で政策調整を実施しながら、推進する狙いがある。(注3)

著者がＡＳＥＡＮ諸国を訪問して感じたのは、財閥系企業の若い次世代経営者の中で、サーキュラー化やＳＸへの関心が高まっていることだ。財閥系企業が動き出せば、巨大な資本が一気に動き始める。中国や華僑財閥マネーの動きも今後一段と加速すると想定されるため、日本企業は対応を急ぐ必要がある。既存の事業の延長で考えると、どうしても北米、欧州、豪州等の優先順位が高くなりがちだが、ぜひ、新しい目でＡＳＥＡＮ市場を評価し直してみてほしい。

ステップ④ サーキュラー化実現で足りない要素を特定

対象とする物質の緊急度を見極め、ＡＳＥＡＮ市場での可能性を検討したら、次に、地球の限界の中で持続可能なビジネスモデルを考える。ゼロから全く新しいビジネスモデルを考えてもいいが、最初は既存のビジネスモデルの見直しでもいい。ステップ①～③で特定した優先度の高い物質、地域において、採取・拡散の問題を解消するために、バリューチェーン全体でどのようにサーキュラー化を進めていくかを考える。

第３章の「ＳＸの未来トレンド５　バリューチェーンの改革者たれ」を参考にして、既存のビジネスモデルから徐々にバリューチェーン全体に改革の範囲を広げていくと、新しいビジネスモデルを検討する方法が見えてくるはずだ。まずは、(ⅰ)製品の軽量化、新素材の開発など自社で完結しやすいことから、徐々に(ⅱ)メンテナンス強化・長寿命化など、バリューチェーンの川下(顧客)に手を伸ばしていき、次に、(ⅲ)バリューチェーンの川上(原材料調達)や顧客よりもさらに川下にいる静脈産業を巻き込んでいき、最後に、(ⅳ)採取・拡散の問題点を根源的に解決するために全く新しいビジネスモデルや商品を検討する。

新しいビジネスモデルを検討する際には、第3章で紹介した事例を参照してほしい。特に、「SXの未来トレンド1　スケールの壁を乗り越えよ」で紹介したスケール化の事例は業種に関係なくすべての人に役立つはずだ。また、飲料食品業界および化学産業の読者には「SXの未来トレンド2　窒素循環を取り戻せ」「SXの未来トレンド3　リジェネラティブがキーワードに」に出てくる新しいビジネスモデルに注目してほしい。フィリップスの画像診断装置のように、自社内の改革で完結するモデルや、マースクやNREPのように民間主導でスピーディにサプライチェーンに変革をもたらすモデル、バンプー・ネクストのように事業の周辺まで面で押さえるモデル、セプリファイやカーボテックのように一つの肝となる商品で複数の市場を総取りするモデル、ベルギーのノースシーポート(北海港)の官民連携モデル、さまざまな業界におけるアズ・ア・サービス化の事例などが参考になるはずだ。

そのうえで、自社や現在のバリューチェーンのリソースでは足りない要素を特定する。会社全体でのマッピングだけでなく、「事業別マッピング」「製品別マッピング」など異なるレイヤーでマッピングをして、いろんな角度からサーキュラー化に足りない要素をあぶり出す。
その具体的な内容に関しては、第3章「SXの未来トレンド5　バリューチェーンの改革者たれ」ですでに述べた通りだ。

ステップ⑤　他社との協働で足りない要素を補う

サーキュラー化に足りない要素を特定できたら、スピーディにそれらを補ってサーキュラー化を完成させ、ビジネスをスケールさせる方法を考える。足りない要素に対してバラバラに手を打っていくのではなく、打ち手を組み合わせ、スケールのあるビジネス領域を考えることが重要だ。つまり、「自社でやること」と「他社と協働すること」をどう組み合わせればバリューチェーン全体でサーキュラー化を実現できるかを考え、手を打っていく。

ステップ④と同様に、第3章で紹介したさまざまな事例を参照にしてほしい。特に、SXの領域ではすぐに官の力に頼ろうとしがちだが、官の力を待たずにスピーディに、民間でできることがないのか、よく考えてほしい。その際には「SXの未来トレンド1　スケールの壁を乗り越えよ」で紹介したフィリップスやマースク、NREP、バンプー・ネクストの事例が参考になるはずだ。

アズ・ア・サービスの検討も一案

自社やバリューチェーンに足りない要素を特定し、それを補い、ビジネスをサーキュラー化する準備が整ったら、次に考えなければならないのは、サーキュラー化する事業や製品をスピーディにスケールさせることだ。

最も合理的なのは、バリューチェーンが短く、やりやすいところから着手することだろう。バリューチェーンが短ければ、多くのステークホルダーを巻き込まなくて済み、自社のコントロールが効きやすい。

第2章で紹介したフィリップスの画像診断装置の事例もこれに当てはまる。同社は電動歯ブラシも製造販売しているが、不特定多数の顧客に行き渡るため回収が非常に難しい。その点、導入先が限定される画像診断装置は、回収のメドが立ちやすい。

製品のサーキュラー化を考える場合、販売後に世の中にばらまかれた製品をどのように回収するかがネックになりやすい。画像診断装置のようなケースはむしろ少数派だろう。回収のしやすさという点では、アズ・ア・サービスを検討してみるのも一案だ。

従来の売り切り型の「大量生産・大量販売モデル」では、販売とともに製品の所有権はユーザーに移り、売り上げを伸ばすには、ユーザーに新しい製品をどんどん買ってもらうしかない。「アズ・ア・サービス型モデル」はこれとは根本的に異なり、ユーザーによる製品の長期使用を前提とし、メーカーは製品メンテナンスを含めた手厚いサービスを提供し、そこから収益を得る。製品の所有権はユーザーに移転せず、基本的にはメーカーが持ち続け、回収を含めてトータルにユーザーをサポートする。

バリューチェーンの「①原材料生産」「②製品の製造・販売」「③製品の使用・消費」「④静脈産業（廃棄物処理・リサイクル）」という流れの中で、サーキュラー化のループを考えようとするとき、「③製品の使用」と「④静脈産業」の間で断絶が起きていることが多い。メーカー（あるいはリース会社）が所有権を持ち続けて、製品利用や部品交換を含めたアフターメンテナンスで収益を上げるビジネスモデルを構築できれば、回収も容易になり、より簡単にサーキュラーの輪を閉じることができるようになる。

サーキュラー化の進展で存在感が高まる素材メーカー

著者は、サステナビリティビジネスの中で、日本の素材産業がこれから最もポテンシャルのあるセクターの一つだと考えている。製造業は韓国や中国の企業に席巻されているが、素材産業は依然として日本が競争優位性を有している。世界でサーキュラー化が進む中で、素材産業は極めて重要な役割を果たすはずだ。

サーキュラー化では、回収した製品を素材に戻して再利用することが不可欠だが、そこに素材メーカーの技術が必須となる。日本の素材産業は、サーキュラー化に向けたバリューチェーンの中で、有利なポジションを取れる可能性がある。しかし、そのためには、素材メーカーが現在の「①原材料生産」の役割にとどまっていてはいけない。所有権が、素材メーカーから加工・製造するメーカーへ、そして消費者へ移っていく中で、素材メーカー主導で回収し、再製造に回すことが困難だからだ。

この課題を乗り越えるための一つの方法として、素材メーカーが所有権を手放すことなく、メーカーや消費者に素材を使用させる「素材のアズ・ア・サービス化」がある。もちろん、半導体などのように構造が非常に複雑で、製造によって高い付加価値が生まれる製品は無理だが、素材自体が最終商品に近く、バリューチェーンの短いもの、例えばウレタンベッドや飛行機の機体、風力発電機の羽などであれば可能性はあると著者は考えている（第6章の内川哲茂・帝人社長インタビューも参考にしてほしい）。

「素材≒最終商品」の場合、素材メーカーと最終製品のメーカーがジョイントベンチャーのような形で協働してアズ・ア・サービス化し、素材の所有権を持ち続けることができるかもしれない。製造者責任が各国で強化され、最終商品の回収やリサイクルに関してメーカーの義務が強化されるという動きが見られるなかで、「素材≒最終商品」に関しては、素材メーカーが強みを発揮できる可能性が高い。

サーキュラー化推進に欠かせないモノマテリアル化

さらに、素材メーカーは、従来の「特殊で高度な素材を特定のクライアントに高く売る」というビジネスから脱却し、「サーキュラー化できる基礎素材をありとあらゆる産業に売りまくる」という拡大戦略を描くことも可能になる。

現在、サーキュラー化を難しくしているのは、製品に使われている素材が単一ではないことだ。同じ物質でつくられていれば、リサイクルで再度、同じ物質に戻しやすいが、通常はいろいろな物質が混じった複合素材であることがほとんどであり、サーキュラー化を進めていくうえで大きなボトルネックになっている。

社会全体で循環型を推進するには、製品のモノマテリアル（単一素材）化が必要だ。しかも、その単一で括られる範囲は、「自動車部品の〇〇はモノマテリアルA」「自動車部品の△△はモノマテリアルB」と分かれているのではなく、すべての自動車部品がモノマテリアルAでつくられているのが望ましい。

自動車部品や住宅用資材など、さまざまな製品に使えるモノマテリアルの最小ユニットをつくることができれば、スケールを持った素材市場を確保できるかもしれない。おもちゃのブロックのように、基本となるユニットを組み立てていくと自動車や住宅ができるイメージだ。さらに、モノマテリアル化した素材の所有権を素材メーカーが持ち続け、自動車部品、自転車、エレベーター、住宅などさまざまな商品に素材をリースし、回収し、リサイクルし続けていくような新しい素材プラットフォームを構築できれば、素材メーカーが、大きな覇権を握れる可能性がある。つまり、サプライチェーンの上流で売り切りモデルに徹してきた素材メーカーが、産業界全体のプラットフォーマーになる可能性がある。サーキュラー化は、このように大きな産業構造の転換の可能性を秘めている。夢物語のように聞こえるかもしれないが、「グローバルな巨大市場を取りにいく」ためには、従来にない発想が必要だ。既存のバリューチェーンの中の役割や思い込み、バイアスにとらわれず、自由な発想で自社の新しい役割を再定義してみてほしい。

＊　＊　＊

物質別に見た採取と拡散フレームワーク（炭素、鉱物、窒素、水）

次章からはいよいよ業界別のサーキュラーフレームワークの解説に入るが、その前に、サーキュラー化の基本となる四つの物質（炭素、鉱物、窒素、水）についての理解を深めておく必要がある。次ページからは、この四つの物質ごとに、採取と拡散の現状と極小化の進め方について概略をまとめた。なお、炭素に関しては、CO_2とプラスチックに分けて解説した。あなたの会社の事業を思い浮かべながら、読んでほしい。

1
物質

炭素（二酸化炭素、プラスチック）

炭素の採取と拡散フレームワーク

自然界に炭素はさまざまな形で存在するが、CO_2増加の原因として問題になっているのは、石油、石炭、天然ガスなどの化石資源だ。これらを燃焼させると、そこに固定されていた炭素が酸素と結びつき、CO_2として大気中に拡散する。CO_2濃度の上昇が続くと気候変動が引き起こされ、気温上昇のほか、降雨パターンの変化、海水の酸性化、海面上昇などが起こり、水の偏在化や生態系喪失につながる。また、化石資源は、採掘場周辺の環境破壊を引き起こすほか、自然界で化石資源が生成されるスピードは非常に緩やかなので、大量に採取を続ければいずれ枯渇する運命にある（図表4・3）。

二酸化炭素のサーキュラーフレームワーク

二酸化炭素や炭素の問題に対して、どのようにサーキュラーエコノミーを実現するのか、そのソ

図表4・3　炭素の採取と拡散フレームワーク（二酸化炭素）

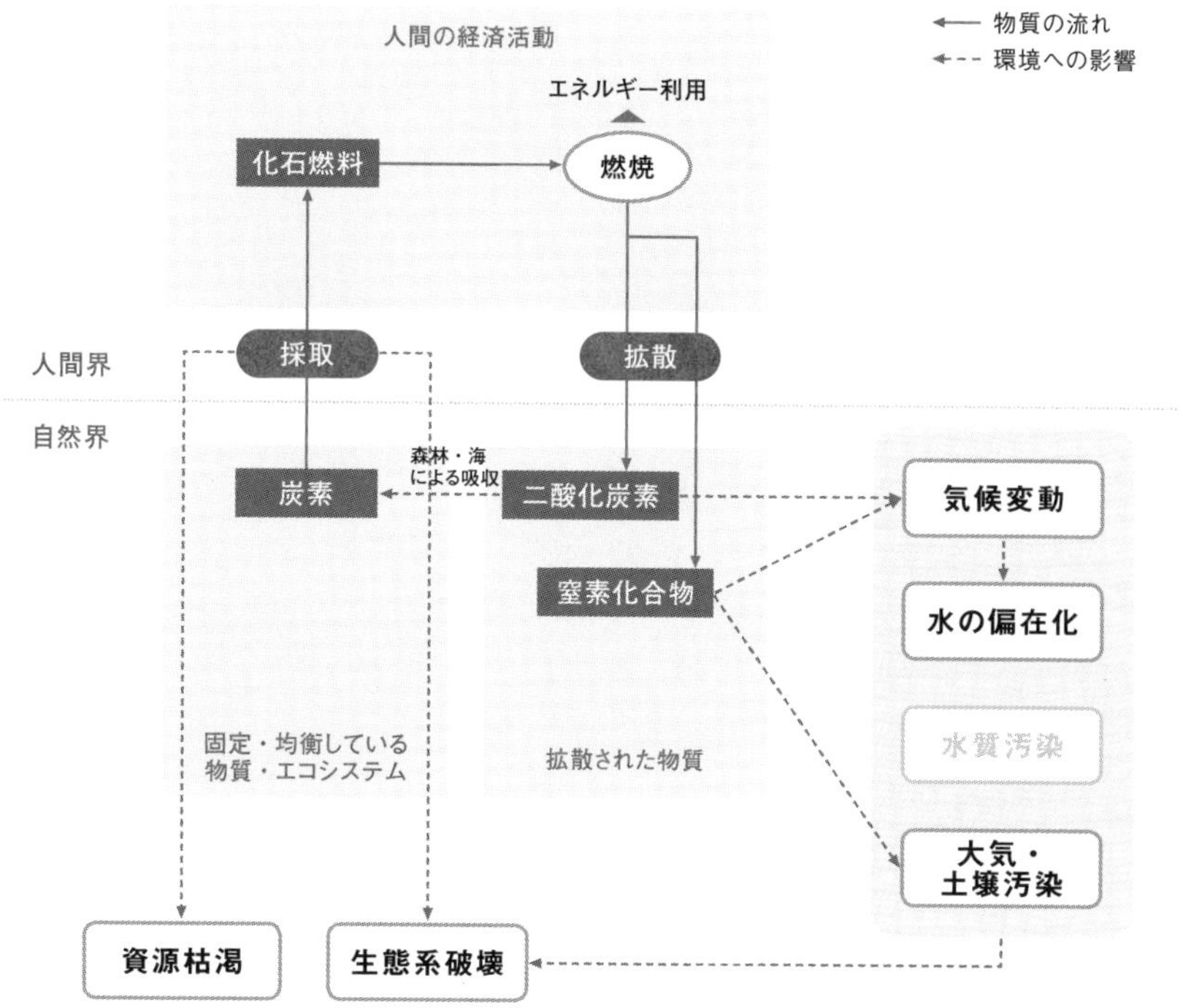

出所：PwC作成

リューションを示したのが、図表4・4だ。右上に、①〜⑦のソリューションを「採取の極小化」と「拡散の極小化」に分けて示した。中には両方につながるソリューションもあるが、その場合は貢献の大きいほうに分類した。

化石資源の採掘、燃焼、CO_2排出という流れの中で、採取の極小化を実現していくためには、太陽光発電や風力発電、バイオエネルギーなどの「代替エネルギーへの移行」や、石炭火力発電所や天然ガスの発電所での「アンモニアや水素の混焼・専焼」などが有力な選択肢となっている。後者に関しては、水素やアンモニアの製造時にも再生可能エネルギーを使う（グリーン水素、グリーンアンモニア）ことでCO_2の排出削減効果が高まる。ただし、アンモニア混焼の場合、大気汚染の原因となる窒素化合物が発生するので、その対策も欠かせない。日本の脱窒技術は非常に高度だが、世界、特に途上国の石炭火力発電所でアンモニア混焼を行う場合には注意が必要だ。このほか、エネルギー利用の効率化も重要だ。例えば、火力発電所の発電効率を高めることができれば、使用する化石燃料の量を減らすことができる。

採取の極小化に関しては、CO_2が自然界に放出される前に回収・貯留し、利用していくCCSやCCUSと呼ばれる仕組みがある。また、自然界に放出されてしまったCO_2を植林などで自然の力で吸収させ、循環を正常化していく試みもある。このやり方はネイチャー・ベースド・ソリューションと呼ばれている。

CO_2削減に貢献するネイチャー・ベースド・ソリューションは森林だけではない。例えばクジラは、一生かけて大量のオキアミやプランクトン（つまり炭素）を巨大な体の中に溜め込み、60年く

図表4・4　炭素のサーキュラーフレームワーク（二酸化炭素）

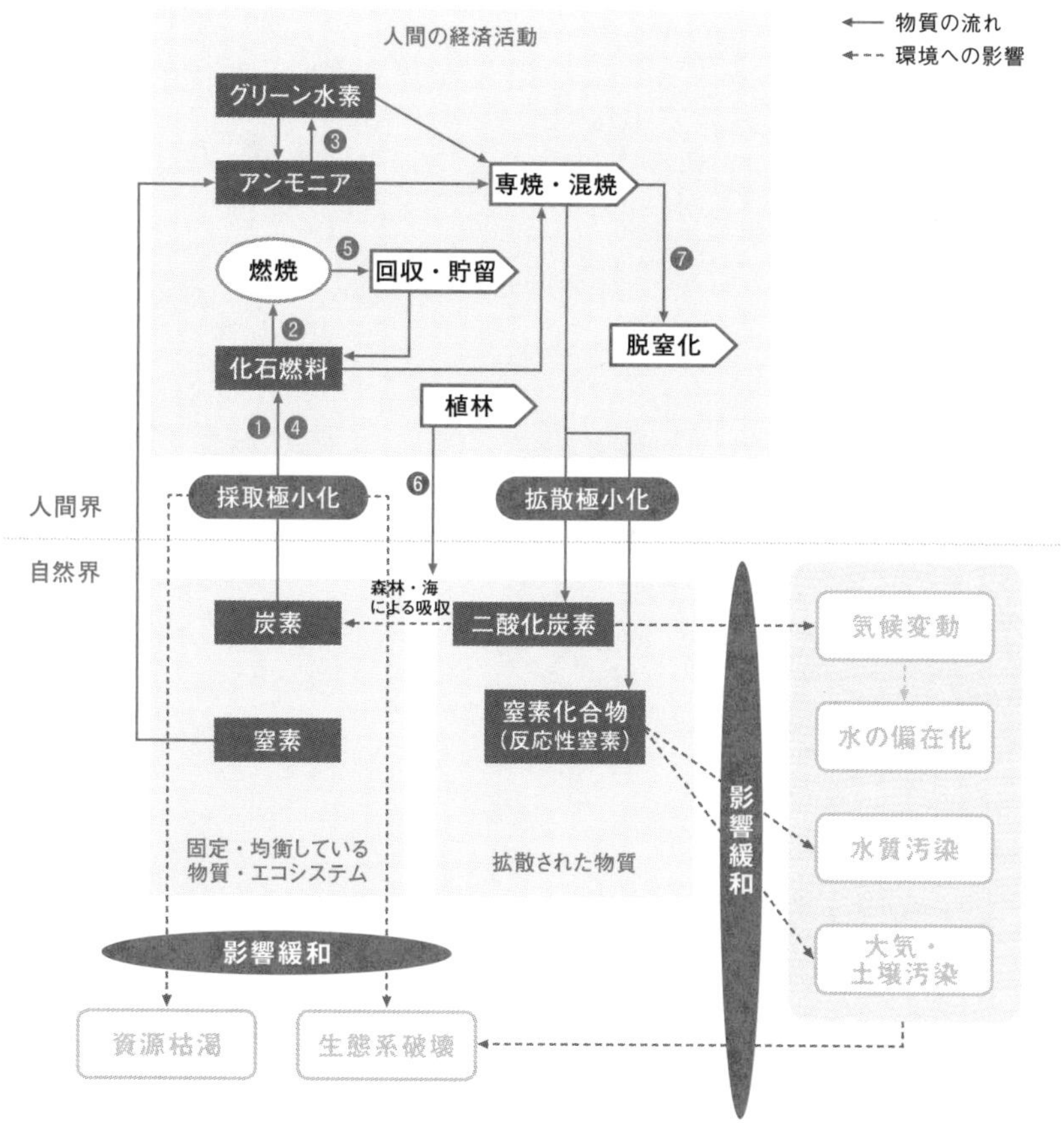

炭素のサーキュラー化ソリューション（二酸化炭素）

採取の極小化

❶再エネ含む代替エネへの移行
❷アンモニア・水素製造の混焼・専焼
❸アンモニア・水素製造のグリーン化
❹エネルギー利用の効率化

拡散の極小化

❺排出削減、炭素回収・貯留・利用（CCUS）
❻森林など自然への吸収促進
❼削減、処理・再利用（窒素化合物）

出所：PwC作成

らいで寿命を迎え、死んだ後は、海底に沈み、数十年かけて分解されていく。つまり、100年近く、炭素が海の中に固定化される（クジラ1頭当たり平均33トンのCO_2を隔離）。

しかも、クジラの排せつ物は栄養豊富で、クジラの多い海域には、植物性プランクトンも大量に発生し、実はこの植物性プランクトンが大量のCO_2を吸収する。現在、クジラの保護は進んでいるが、全盛期の4分の1程度しか回復していない。商業捕鯨が行われる前のクジラの脱炭素への貢献度は、おそらく全大陸の森林生態系に匹敵していたと想定され、クジラの個体数回復が気候変動対策にもなるとされている。（注4）

プラスチックの採取と拡散フレームワーク

プラスチックの原料は、化石資源である石油や天然ガスに由来する。化石資源の採取に伴う採掘地周辺の生態系破壊や資源枯渇の問題は前述の通りだ。

プラスチックの最大の課題は廃棄（拡散）であり、海洋投棄やマイクロプラスチックによる汚染などが生態系破壊の原因になっている（図表4・5）。これはプラスチック特有の課題といえる。

図表4・5　炭素の採取と拡散フレームワーク（プラスチック）

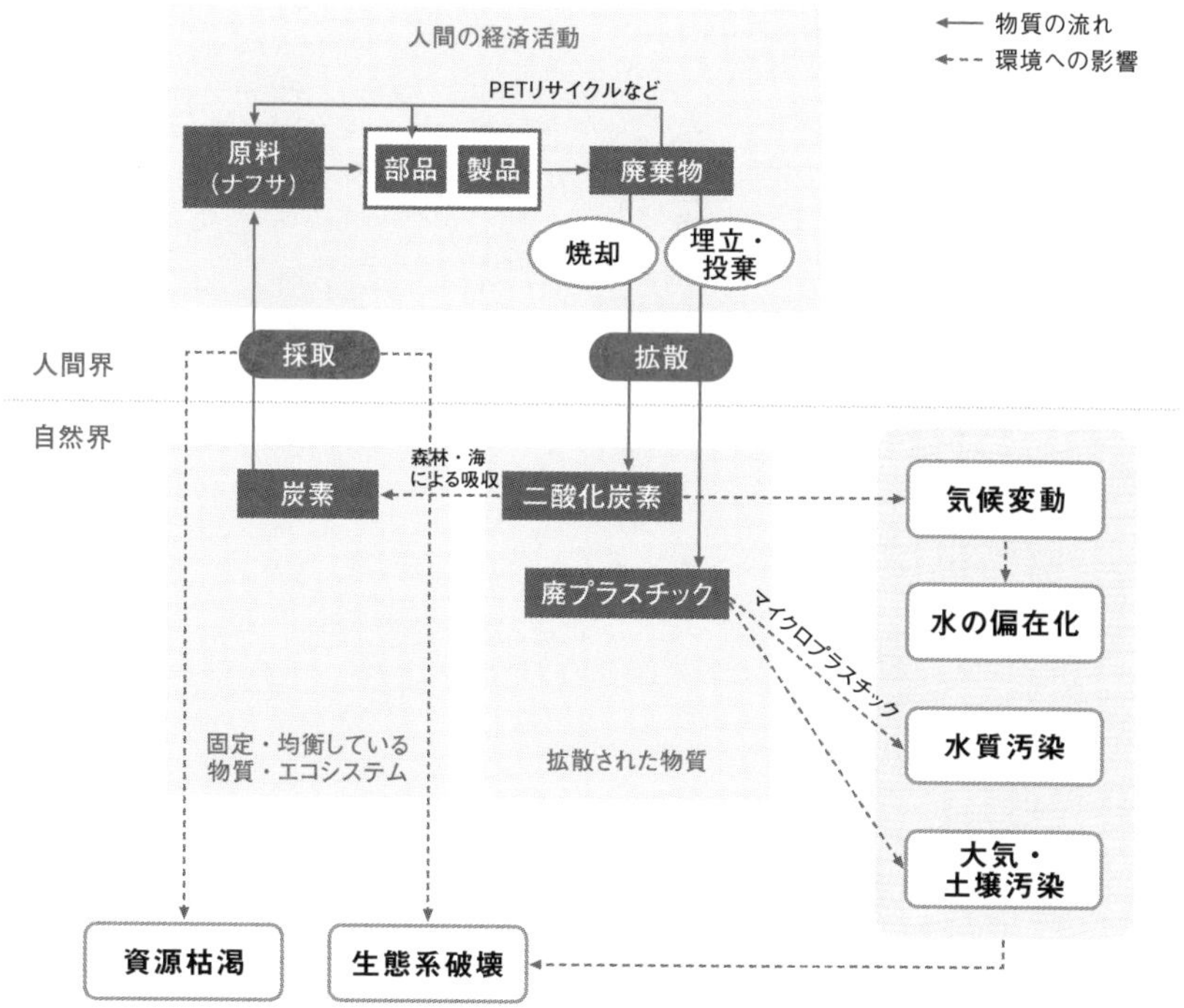

出所：PwC作成

プラスチックのサーキュラーフレームワーク

プラスチックのサーキュラー化は非常にシンプルだ。製品を設計する際、可能な限りプラスチックを使用しない省資源設計の導入や、化石資源に依存しない代替素材への切り替えのほか、製品の長寿命化や稼働率向上で新たに生産される製品の数を削減できれば、原材料の削減につながる（図表4・6）。

拡散を極小化させるには、①や②のように、なるべく少ない原材料で、少なくつくって長く使うことが重要だ。最終的に廃棄されるプラスチックは、「リユース、リサイクル、再製造」により、できる限りループの中に再び戻す。

ここから漏れて廃棄されるプラスチックをゼロにすることはできないため、仮に投棄されても分解され自然に戻っていく「生分解性素材」に切り替えることも選択肢になる。生分解とは、微生物の働きにより分子レベルまで分解し、最終的には二酸化炭素と水となって自然界へと循環していく性質のことだ。誤解しやすいのは、原料がバイオ由来であっても、分子構造が普通のプラスチックと同じなら、微生物の働きでは分解しないし、自然には戻らない。

図表4・6　炭素のサーキュラーフレームワーク（プラスチック）

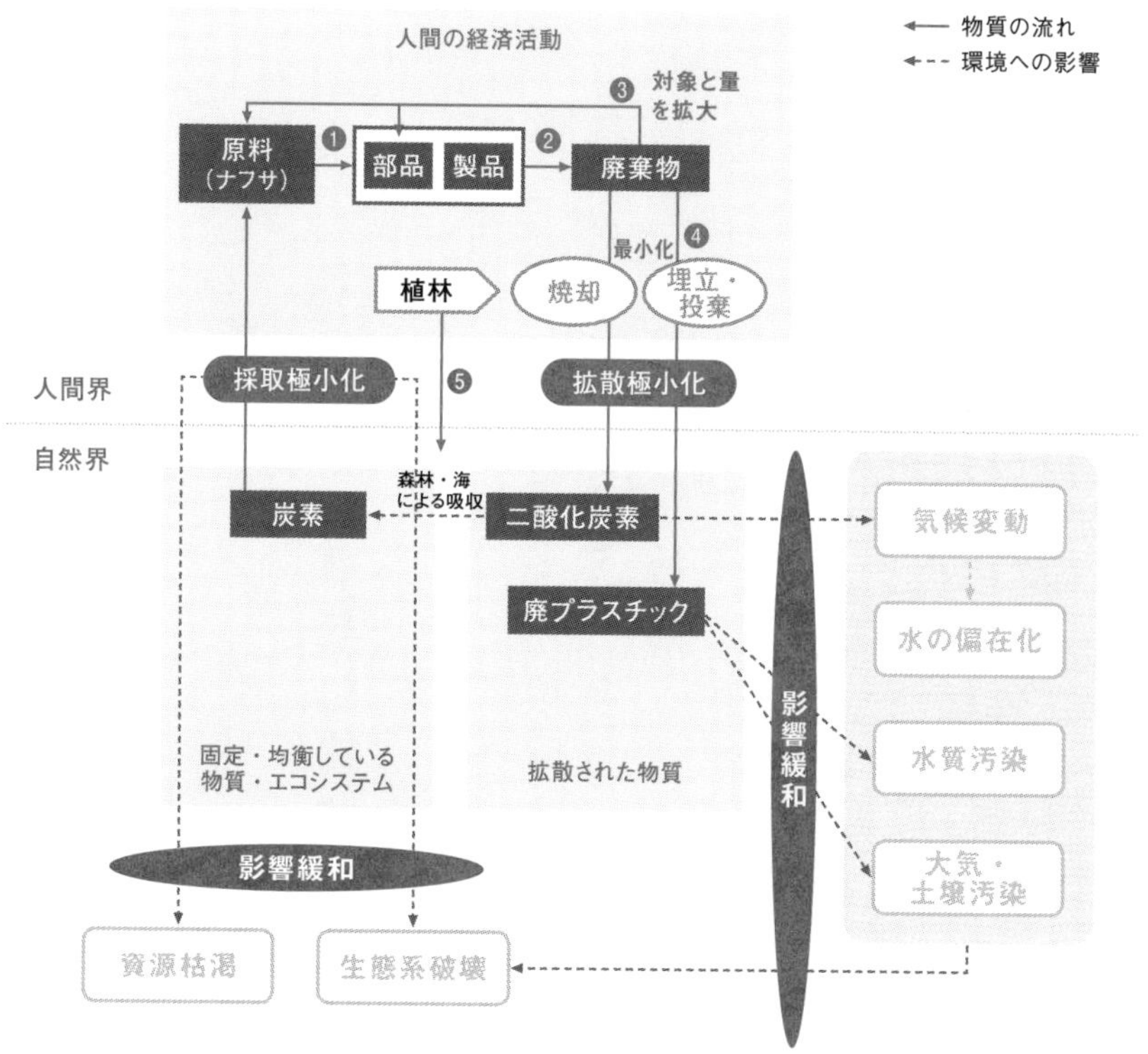

炭素のサーキュラー化ソリューション（プラスチック）

採取の極小化	拡散の極小化
❶省資源設計、素材の切替 ❷長寿命化・稼働率向上	❸リユース、再製造、リサイクル ❹生分解性素材への切替 ❺森林など自然への吸収促進

出所：PwC作成

2

物質

鉱物

鉱物の採取と拡散フレームワーク

地中で長い年月をかけて生成されてきた鉱物は、原材料として採取され、さまざまな工業的処理を経て部品や製品になり、使用後に廃棄される。

採掘現場周辺で生態系が破壊され、自然の力で鉱物ができるまでにはかなりの年月がかかるので、採掘し続ければいずれ枯渇する。製品の一部に含まれたまま廃棄された鉱物は、一部が回収・再利用されるが、残りは埋立処分され、その過程で大気・土壌・水質汚染を引き起こし、環境に負荷を与える（図表4・7）。

図表4・7　鉱物の採取と拡散フレームワーク

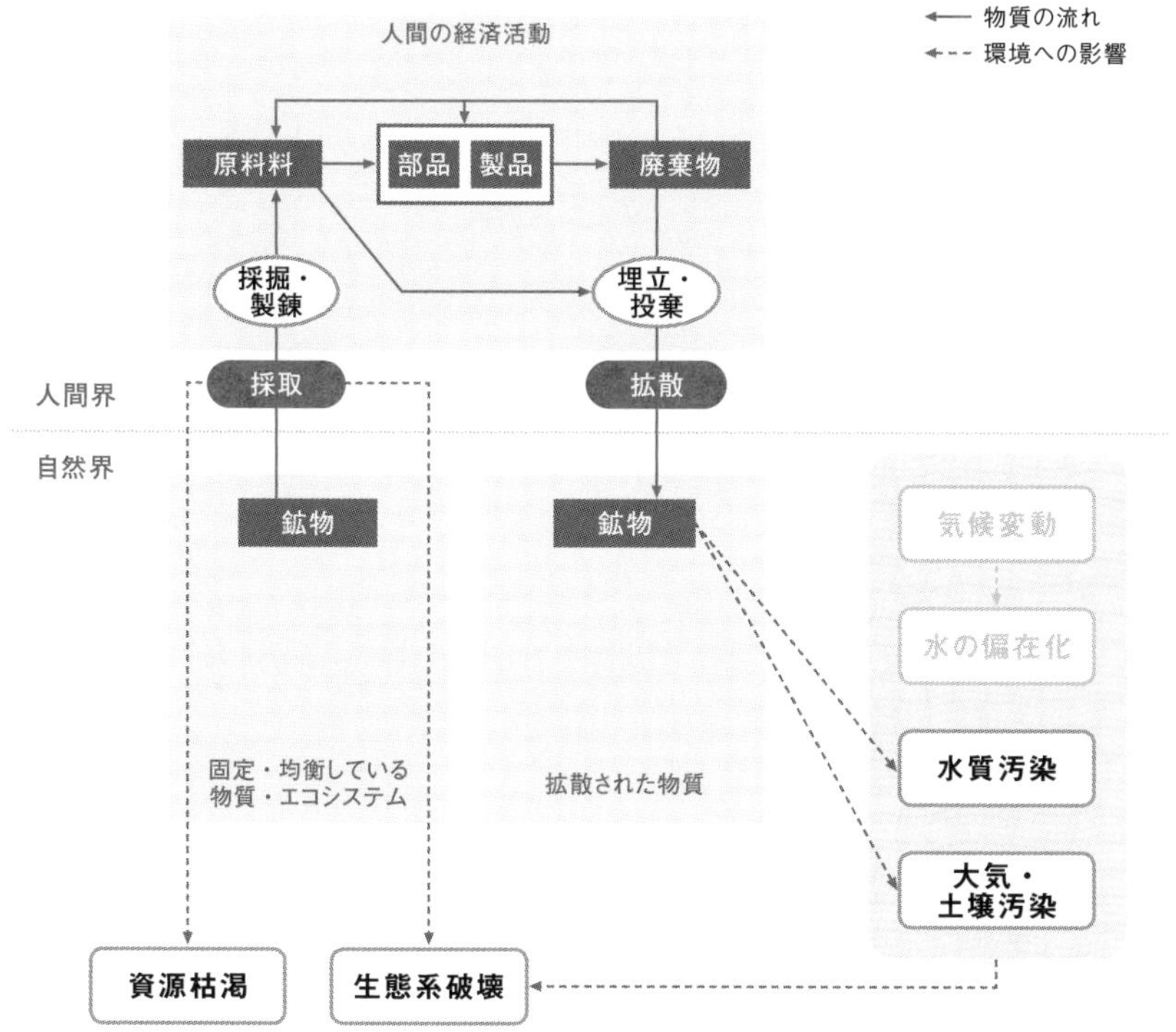

出所：PwC作成

鉱物のサーキュラーフレームワーク

鉱物の採取を減らすためには、できるだけ原材料として使わないように省資源設計をしたり、環境負荷の低い他の素材に切り替えたりすることがまず考えられる。鉱物の中には希少で入手困難かつ高価なものもある。こうしたケースでは、省資源設計や素材の切り替えは、環境課題の解決のみならず、経済合理性の観点からも理にかなう。

また、製品の長寿命化や、売り切り型ではなく利用・サービスで収益を上げるアズ・ア・サービス型ビジネスモデルの導入、シェアリングなどを進めることによって新しい製品への需要が減れば、鉱物の使用量が減り、新規の採掘量を抑えることができる。金属などはプラスチックと比較すると強度が高く製品寿命も長いので、「売り切り型」から「サービス型」への収益構造の転換は、比較的取り組みやすいといえる。

拡散に関してもプラスチックと同じく、「リユースやリサイクル、再製造」が効果的だ。ただし、さまざまな物質を複合させた素材や強力に接着された部品など、鉱物の抽出や分解が難しいものもある。そのため、製品の設計段階から、リサイクルを考慮することもポイントとなる。

プラスチックと同様、すべてをリサイクルすることは難しいため、生分解性素材への置き換えが望ましいが、技術的にはまだこれからだ。例えば、医療用として体内で利用されるマグネシウム合金に関しては、生分解性材料の開発が進められている。

図表4・8　鉱物のサーキュラーフレームワーク

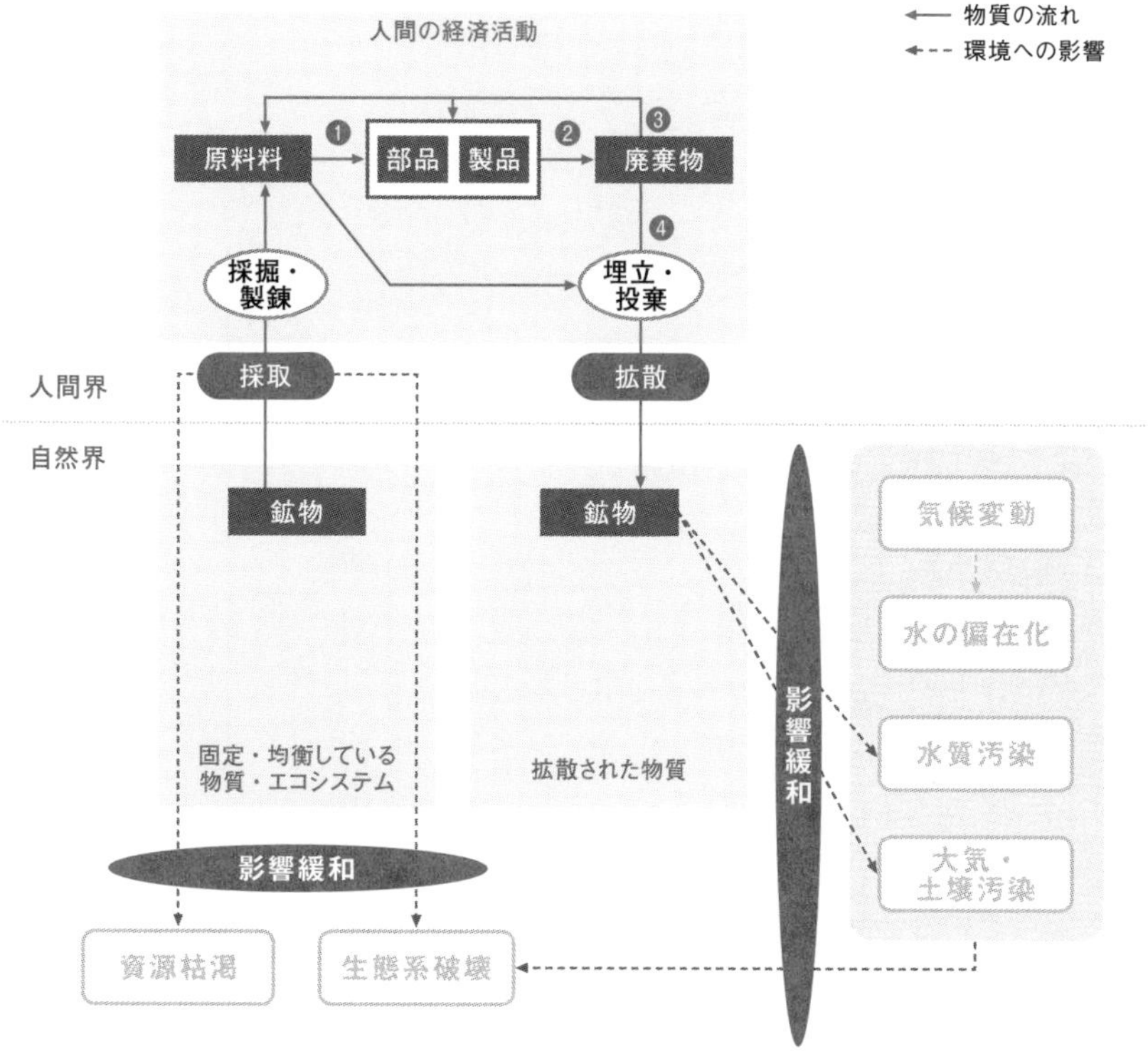

鉱物のサーキュラー化ソリューション

採取の極小化

❶省資源設計、素材の切替
❷長寿命化・稼働率向上

拡散の極小化

❸リユース、再製造、リサイクル
❹生分解性素材への切替

出所：PwC作成

3 物質 窒素

窒素の採取と拡散フレームワーク

第3章「SXの未来トレンド2　窒素循環を取り戻せ」で述べた通り、窒素は、人間の体を構成するたんぱく質の元であるアミノ酸や、遺伝子情報などを伝達するDNAを構成する核酸塩基などに多く含まれているなど、人間にとって不可欠な元素だ。人間は食品に含まれるたんぱく質（約16％は窒素）などを通して、窒素を摂取しており、人体の約2・6％は窒素からなる。空気中の約8割は窒素（N_2）で、地球上に大量に存在するが、N_2は極めて安定していて、そのままでは人間や動物、植物は利用できない（一部の微生物などは例外）。生物が身体に取り込めるようにするには、N_2ではない窒素、つまり、他の物質と反応しやすい窒素（反応性窒素）が必要だ。

1900年代初頭、空気中の窒素からアンモニアをはじめとするさまざまな反応性窒素をつくり出す「ハーバー・ボッシュ法」が開発され、人類は容易に反応性窒素を生み出せるようになった。それまでは、N_2から反応性窒素が生じるのは、一部の微生物による変換や、野火や雷などの高エネルギーが発生した時ぐらいだったため、生物が利用できる地球上の反応性窒素の量は限られてい

図表4・9　窒素の採取と拡散フレームワーク

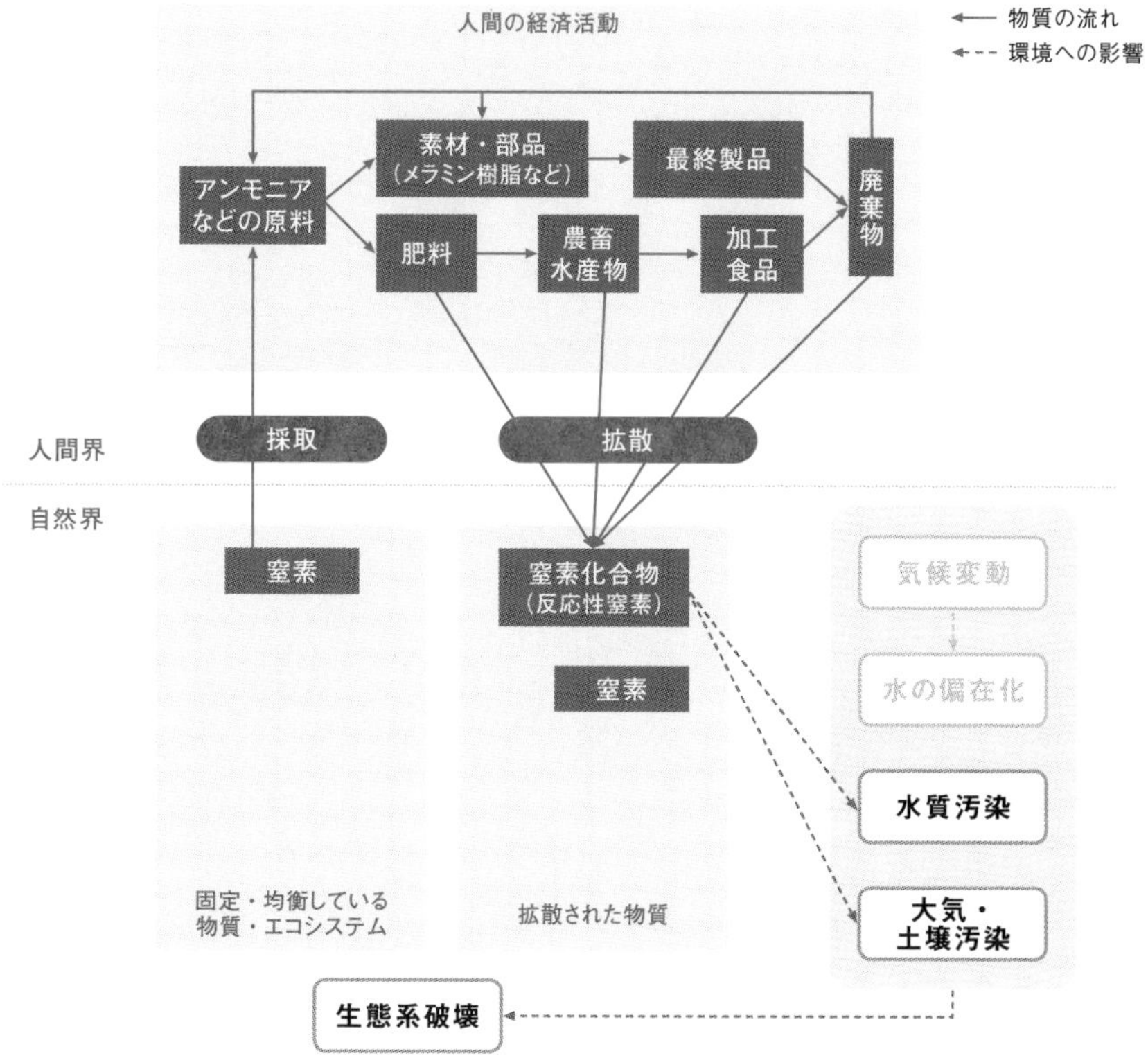

出所：PwC作成

た。空気中の窒素を水素と反応させてアンモニア（アンモニア態窒素）を生成するハーバー・ボッシュ法が発明されたことで、地球上の反応性窒素の量は右肩上がりで増え始めた。ハーバー・ボッシュ法で工業的に生産されるアンモニアの約8割は肥料（農業）用途で、残りの約2割はメラミン樹脂や合成繊維のナイロンなど化学製品の基礎材料に使われる。（注5）

ハーバー・ボッシュ法によって大量の肥料が工業的に生産され、世界各地の農地にばらまかれた。1900年代後半、世界では人口が急増したが、もし、ハーバー・ボッシュ法が開発されていなければ、世界の人口を賄う食料が供給できず、総人口も30億~40億人程度だったのではないかといわれている。現在、世界人口の約半分が、化学肥料で育った食べ物をとって生活している。

ハーバー・ボッシュ法で簡単かつ大量に反応性窒素を生み出せるようになったことは、人類に繁栄をもたらした一方で、自然界にさまざまな問題を引き起こしている。化学肥料として生産されたアンモニア態窒素は、半分程度が作物に吸収されるが、残りは土壌に残留したり、川や海に流出したりする。家畜や魚の養殖などに用いられる飼料の多くは、化学肥料を大量に使って育てられた穀物が原料であり、それらが家畜や養殖魚を通じて排せつ物となり、土壌や海洋に拡散していく。例えば、海洋に流出した反応性窒素は流域の富栄養化をもたらし、藻類などが大量発生すれば生態系が大きく変化してしまう。

また、国連の調べによると、せっかくつくった食品も、毎年9億3100万トン（2019年）が世界で廃棄されている。（注6）廃棄した食品が腐敗すれば反応性窒素が土壌や水に拡散し、焼却処分すれば、NOxと呼ばれる窒素酸化物が発生し、大気中などに拡散していく。

図表4・10　**人工合成窒素によって支えられる世界人口**

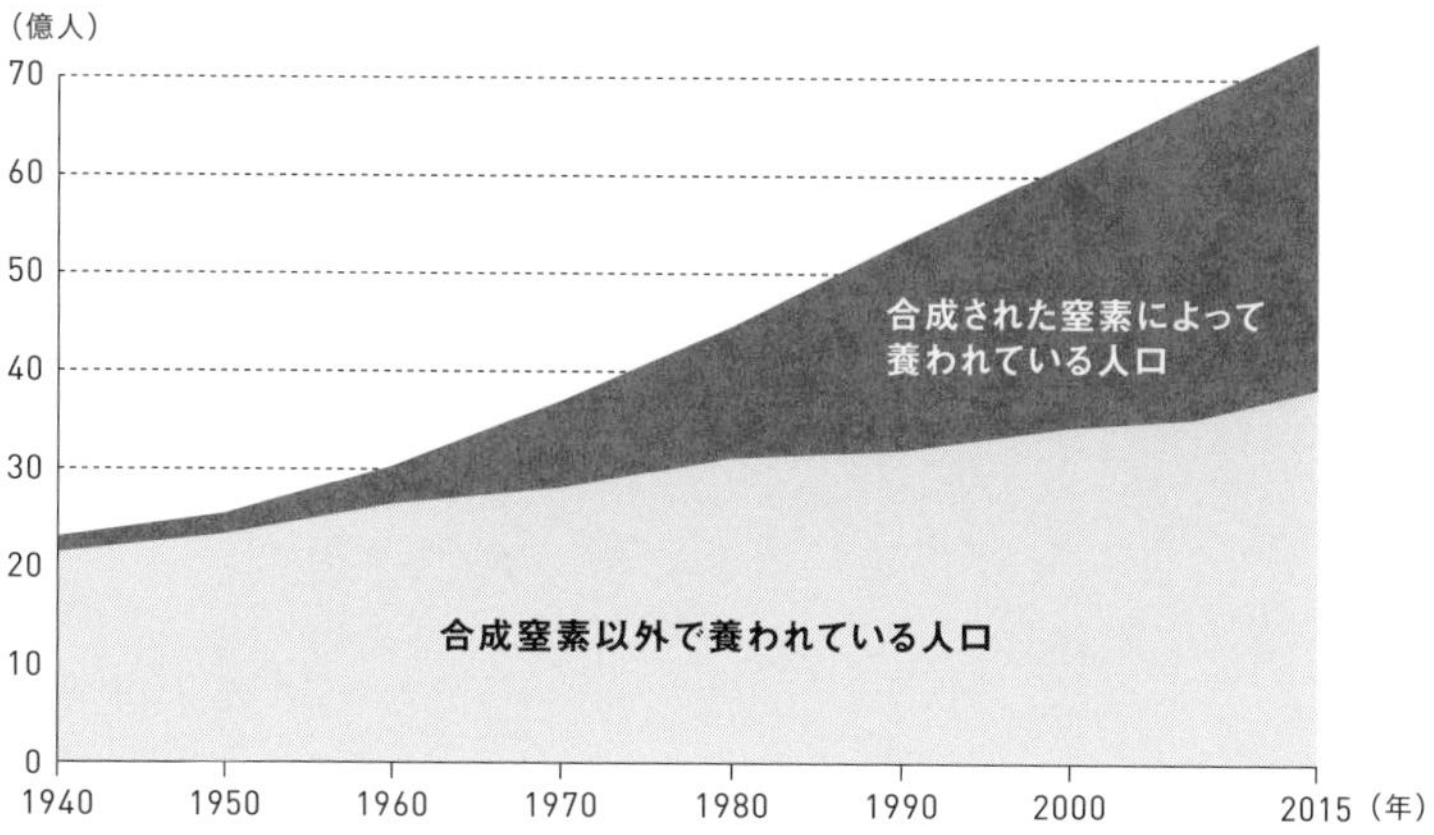

出所：Erisman et al. (2008); Smil (2002); Stewart (2005) をもとにPwC作成

人為的な反応性窒素の排出量が多い領域は、農業のほか、エネルギー・製造業、廃棄物・下水などだ。エネルギー産業や製造業では、エネルギーを生み出すため化石燃料をボイラーやエンジンで高温燃焼させるが、その際に、NO_xが発生する。自動車の排気や廃棄物の焼却処分でもNO_xが発生するほか、人間の排せつ物も下水に流れ、処理場などで一部は脱窒されるが、残りは河川や海洋に流れ、富栄養化やプランクトンの異常増殖、赤潮などの発生原因の一つとなっている。

こうした人間の活動により、反応性窒素の量が急増している。自然に生成される反応性窒素の量は年間約2億トンだが、2010年の人為起源の反応性窒素精製量は年間2・1億トンに増加し、自然生成される反応性窒素量を上回っている。その結果、現在、我々の食糧の半分が人為起源の反応性窒素からつくられるようになった（図表4・10）。しかし、人間社会全体の窒素利用効率（投入した窒素のうち利用される割合）は20%にとどまっており、残りは大気、土壌、河川、海など

に流出している。（注7）

窒素のサーキュラーフレームワーク

窒素のサーキュラー化で重要なのは、人為的につくる反応性窒素の量を減らし、すでにつくり出した反応性窒素をできるだけ循環させていくことだ。

前者の対策としては、化学肥料の使用量削減が早道だ。ただし、肥料を使わないで農産物を生産することは現実的ではない。代替として有力なのはオーガニック肥料だが、肥料の効果の面（収量などの生産性）で劣る可能性があるため、必要な栄養素の吸収を促進するバイオスティミュラント（生物刺激剤）の併用なども選択肢になる。

バイオスティミュラントは、生理学的な作用など一部解明されていない部分があるが、植物の漢方薬的な存在として、土壌からの窒素吸収効率の向上など植物の生体活動の活性化を促す。BASFやバイエルなど、大手化学メーカーがその開発、販売を進めている。また、バイオスティミュラントとは異なるが、第2章で紹介したカーボテックが開発したバイオ量子ドットも、植物の光合成能力を高めることによって、同じ量の反応性窒素でより多くの農作物を生み出すことができる新しい技術だ。

大量の反応性窒素を使って生み出した食品の廃棄を減らすことも欠かせない。農作物は食品となって市場に流れ、人々によって消費されるが、世界で生産される食品の約4割が廃棄され、その量

図表4・11　窒素のサーキュラーフレームワーク

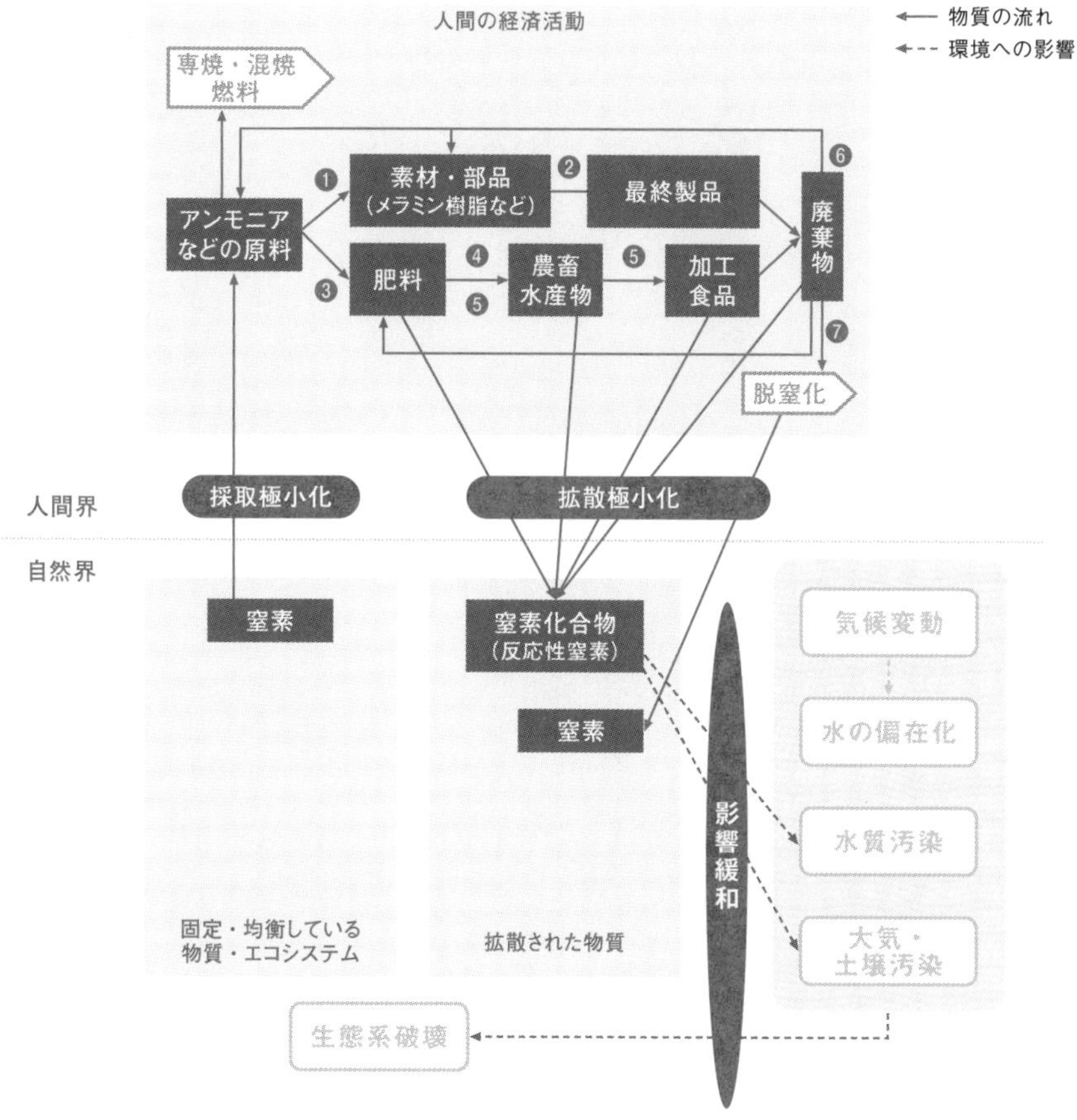

窒素のサーキュラー化ソリューション

採取の極小化

❶省資源設計、素材の切替
❷長寿命化・稼働率向上
❸有機肥料など代替品の使用
❹窒素利用の効率化
❺供給量最適化・需要削減

拡散の極小化

❻リユース、再製造、リサイクル
❼削減、脱窒化、再利用

は1年で25億トンに及ぶ。農林水産省の推計によると日本における年間の食品廃棄量は472万トン（2022年度）で、うち家庭系が236万トン、事業系（製造、外食、小売）が236万トンとなっている。つまり、消費者と供給側の双方で、食品ロス対策が必要だ。消費者側は買いすぎない、つくりすぎない、生産段階で窒素を大量に使う食品の消費を減らす（例えば、牛肉から大豆肉へ）、供給側の企業は需要予測の精緻化などによる供給の最適化のほか、別製品への加工（余ったパンからクラフトビール製造など）やフードバンクなどへの寄付などで廃棄を減らす必要がある。

一方、化学製品の基礎材料として使われる窒素（アンモニア）に関しては、メラミン樹脂や合成繊維のナイロンとして製品になる。これを極小化するには代替素材の利用や、アンモニアをなるべく使わない製品設計などが軸となる。拡散の極小化に関しては、プラスチックなどと同じように、製品の長寿命化やリサイクル、リユース、再製造などが対策となる。

最終的にアンモニアを原材料にしてつくられた製品が廃棄され、焼却された場合は、発生する窒素化合物を無害化して大気に放出する必要がある。また、前述のように、アンモニア混焼が石炭火力発電所のCO_2削減対策として注目されているが、混焼時に発生する窒素化合物の無害化も欠かせない。

さらに、反応性窒素を豊富に含む下水の汚泥から肥料を製造したり、まだ技術としては確立していないが、大気中に拡散した反応性窒素を回収して資源に転換したり、無害化して大気に戻したりする研究も進められている。(注8)

4 物質

水

水の採取と拡散フレームワーク

地球上の水の量は約14億立方キロメートルあるが、このうちの97・5％は海水で、淡水はわずか2・5％にすぎない。しかも、2・5％の内訳は、氷河などが1・76％、地下水は0・76％で、人間が比較的利用しやすい河川・湖沼水は0・01％しかない。(注9)

世界では20億人が安全な飲み水を得ることができず、36億人が適切な衛生施設を利用することができない。(注10) しかも、水は地域によって偏在している資源であり、カナダのように水資源量が利用量を大きく上回る地域があれば、中東諸国のように大きく下回る地域もある。(注11) また、世界の水資源の72％は農業用水（日本は67％）、12％は工業用水（同16％）、16％は生活用水（同17％）に使われている。(注12)

これらを頭に入れたうえで、水の採取と拡散フレームワークを見てみよう。

企業の水使用は、農業用水と工業用水の2種類ある。食品企業の場合、サプライチェーン上流の農産物の生産で大量の水を使用する。アパレル企業でも、例えば、綿製品の場合、1キログラムの綿を生産するのに約1万リットルの水が必要であり、Tシャツ1枚分だと2720リットルの水が

図表4・12　水の採取と拡散フレームワーク

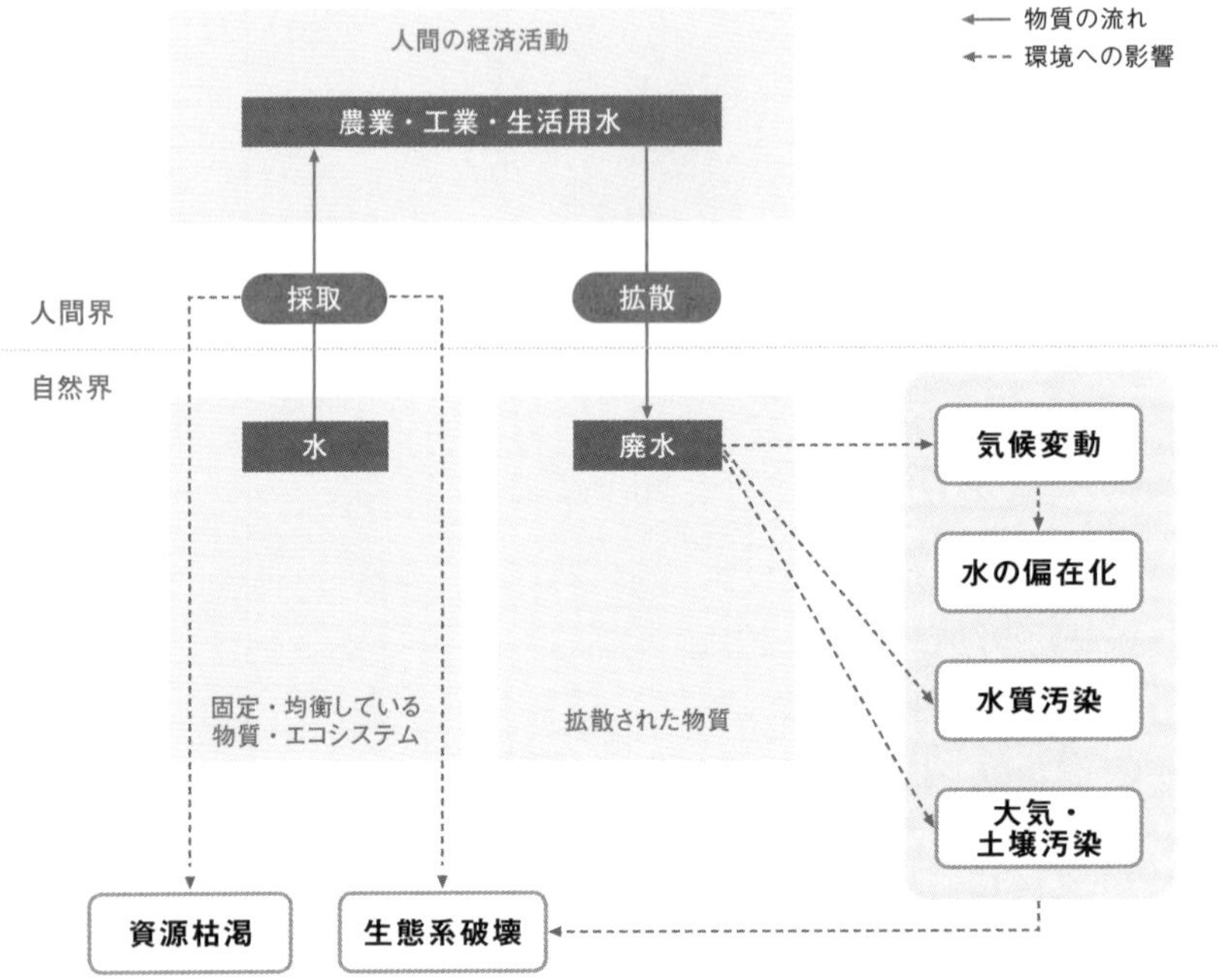

出所：PwC作成

使われる。日本は綿の自給率がほぼゼロなので、自国の水ではなく海外の水資源を大量に使って育てた綿を輸入しているわけだ。

綿花は中国、インド、米国、ブラジル、パキスタンなどが主な生産国だ。日本は水が豊富なので実感が薄いかもしれないが、インドやパキスタンなど、水がそもそも足りていない国での綿花の生産は、水源枯渇の問題を生む可能性が高い。日本は、綿とともに生産に必要な水も合わせて、水の不足地域から輸入している（バーチャル・ウオーターの輸入）と考えると、農産物や綿などを原材料として仕入れている企業は、サプライチェーンの上流にさかのぼって対策を講じる必要がある。

一方、工業用水とは、ボイラー用水、原料用水、製品処理用水、洗浄用水、冷却用水、温調用水などのことで、日本国内の淡水使用量の業種別シェアは、化学工業、鉄鋼業、パルプ・紙・紙加工品製造業の3業種が全体の約7割を占めている。工業用水の回収率は約78%で、化学工業と鉄鋼業は80〜90%程度と高いが、パルプ・紙・紙加工品製造業は40%程度にとどまっている。日本では農業や工業排水に対してさまざまな規制がかけられているが、途上国では不十分であり、排水による水質汚染が懸念されている。

水資源に関しては、気候変動の影響を大きく受ける。気温の上昇が続けば降水パターンに変化が生じる。蒸発散量の増加などにより、水資源の乏しい地域では河川の水量や雨量が減り、水資源の豊富な日本のような国では豪雨が頻繁に発生するなど、水の偏在化が加速していく。

すなわち、水の課題は、①(採水による)水源の枯渇、②水質汚染、③(気候変動や採水・排水による)水の偏在化、の3点といえる。

水のサーキュラーフレームワーク

水の採取・拡散問題に対して企業ができることは、主に2種類ある。一つは、原材料や製品の製造で水資源を使用している場合は、その活動の中で水資源の使用を最小限に絞り、使った水は循環利用すること。もう一つは、これとは別に、植林や農地管理などによって水資源の維持・回復に取り組むことだ。

図表4・13　水のサーキュラーフレームワーク

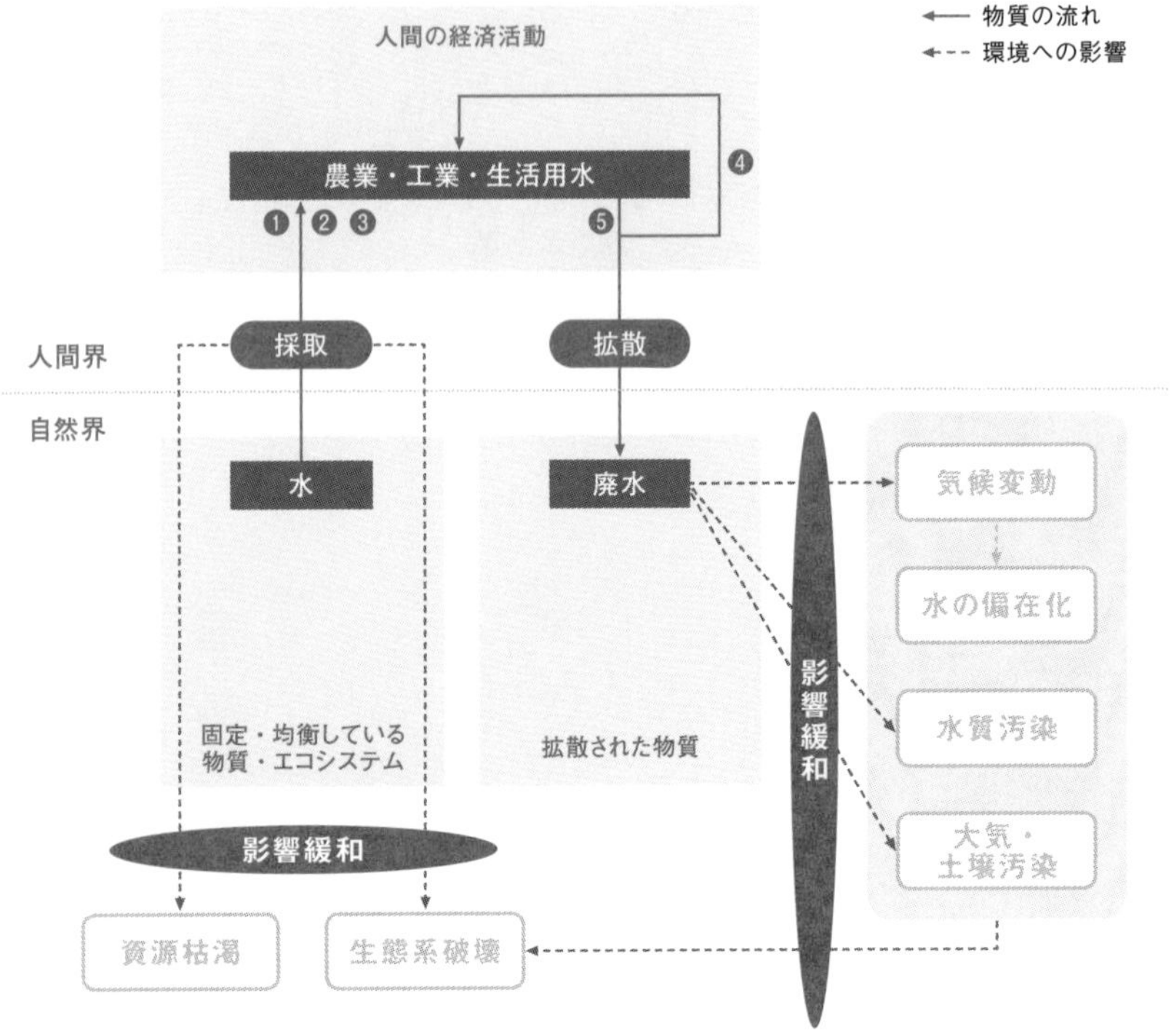

水のサーキュラー化ソリューション

採取の極小化

❶水利用の効率化

❷生産・使用工程における水使用量の削減

❸最終製品の供給量最適化・需要削減（工業用水）

拡散の極小化

❹排水の処理・浄化・再利用

❺水源の保全、取水地に浄水を戻す

出所：PwC作成

例えば、農産物の品種改良によって水の消費が少ない作物を開発する、アパレルの染色工程で水を使わない無水染色液を導入するなど、水の需要を削減するアプローチがある。また、食品企業の場合、代替肉の比率を増やし、牛肉の需要を削減できれば、水の使用量を劇的に減らすことができる。牛の飼料となるトウモロコシを1キログラム育てるのに1800リットルの水が必要だが、肉牛を育てるには牛肉1キログラム当たりでその約2万倍もの水が必要となる。(注13)代替肉にすればそれが数分の一で済む。このように、水消費の大きい製品を、生産時に水をあまり使わない別の製品に代替させることも有力な選択肢になる。

一方、水源の維持・回復では、一見遠回りのようだが、森林が重要な役割を果たす。森林は水を保ち、蒸散させる水分により雨雲ができて雨が降り、森林の土壌に染み込んだ水は浄化され、その水で木が育ち、水分を蒸散させるといった形で、森林が水の循環に大きく関わっている。行政や森林所有者と森林整備の中長期的な協定を結び、水資源の維持に役立つ森林の育成を進めている企業もある。

地下水に関しては、きれいに浄化して取水した地域に返すことも、地域の水資源の保持につながる。地下水を大量に使用する半導体工場などでは、自治体や土地所有者などと連携して、近隣の水田や畑に水を戻し、地下水の水位の維持を図る取り組みが進められている。

インタビュー

『エネルギーをめぐる旅』著者、古舘恒介氏に聞く

なぜ人類はエネルギーを大量消費するのか？

気候変動の加速を防ぐため、化石燃料を中心とした大量のエネルギー消費からの転換を急ぐ必要がある。エネルギー消費と人類の発展との関係を考察した『エネルギーをめぐる旅——文明の歴史と私たちの未来』の著者、古舘恒介氏は「人間の脳には、エネルギー獲得への際限ない欲求がある」と指摘する。この「脳の本性」を考慮せずエネルギーについて議論すると、本質を見誤るおそれがあるという。

Q

著書『エネルギーをめぐる旅』の執筆動機と問題意識を教えてください。

私はエネルギー業界に身を置く中で、なぜ人類はエネルギーを大量消費するのか、そもそもエネルギーとは何なのかについて考えることをライフワークとしてきました。

エネルギー問題は一筋縄ではいかない問題です。私たちの生活と密接に結びついた根の深い問題だからです。そこで、エネルギーというものの本質が理解できれば、私たちの生活や文明全般もまた理解できるようになるのではないか、と考えました。エネルギーという切り口を使って、世の中のことを考えるというアプローチです。

著書の最終章である第4部では、エネルギー問題の処方箋について自分の考えをまとめていますが、あくまで一つの見方を示しただけであり、全員がそれに無条件で賛同してほしいとは思っていません。なぜなら、エネルギーの未来は人それぞれが自分事として考えるべきことだからです。そうでなければ具体的な行動に結びついていきません。

執筆の動機を一言で言えば、エネルギーについて皆が考えるきっかけや、理解に役立つ科学的な基礎知識、そして俯瞰（ふかん）的に見る視点を提示したかったからです。

エネルギー問題は非常に複雑です。そのため、エネルギーに関する議論では、それぞれの立場の人間が自分の見たい視点から問題を捉えようとする傾向があります。それでは議論がかみ合いません。また、エネルギー問題を正しく理解するには、科学的知識として熱力学の第一法則と第二法則だけは知っておく必要があります。それがないと科学的で建設的な議論はできません。

Q 著書では、エネルギー問題を深く理解するために、「エネルギー消費」を軸に、人類の歴史が語られています。人類が大きく発展するとき、エネルギー消費も大幅に増え、その二つが見事に符合していることに驚かされました。古舘さんは人類が飛躍的に発展する時期を「五つのエネルギー革命」として整理されていますね。

一般的にエネルギー革命というと、産業革命に始まる石炭の利用と、その後の石炭から石油への移行を指すことが多いのですが、そこは本質ではないと思います。事実、私たちの社会は今でも石炭を大量に使っています。

生活や文明が非線形で急激に変化するときは、エネルギーの投入量が大きく変わります。そこで、「エネルギーの新たな獲得手段や利用手段の発明により、人類によるエネルギー消費量を飛躍的に増加させることになった事象」をエネルギー革命と定義しました。

Q 「五つのエネルギー革命」のそれぞれについて簡単に説明していただけますか。

最初のエネルギー革命は「火の獲得」です。私たちの祖先が火の利用を覚えたことによって、脳の肥大化が決定づけられました。人が他の動物と異なる最も大きな特徴は、体格に比較して大きな発達した脳を持っていることです。その特徴を「火の獲得」によって手にすることができたわけです。

火を操れるようになったことで、人は食べ物を加熱処理する、つまり「料理」が可能になりました。火で調理した食べ物は、生食の場合に比べて、消化・吸収にかかる時間が大幅に短縮され、胃腸の負担が劇的に軽減されます。私たちの祖先は、火を使って料理することで、消化器官が担っている仕事の一部を外製化し、その分のエネルギーを脳へ回したのです。さらに、熱はでんぷんやたんぱく質を変質させ、栄養価を飛躍的に高めます。

私たち人類が誇る優秀な脳は、加熱という形で火の持つエネルギーを間接的に取り込むことにより、生食のままであった場合に比べて、はるかに大きくなっていきました。脳は大量のカロリーを消費する器官であり、本質的に「より賢くなりたい、そのためにより多くのエネルギーを得たい」と望む傾向があります。

際限のないエネルギー獲得への欲求は人間の脳が持つ本性であり、その脳がエネルギー多消費型の文明をつくり出してきたと言えます。

エネルギー革命の二つ目は、「農耕の開始」です。エネルギーの視点から見た農耕とは、人類による太陽エネルギーの占有です。土地を開墾し、田畑を整備して農作物を育てるという行為は、その地に自生する植物や動物を追い出し、その土地に注ぐ太陽エネルギーを独占することです。

農耕を始めたことで人類は計画的に余剰エネルギーを蓄えておくことができるようになり、人口が上昇軌道に乗りました。

三つ目は、「産業革命期における実用的な蒸気機関の発明」です。この発明の真の偉大さは「エネルギー変換」を実現した点にあります。それまでの動力機械であった風車や水車は、風や水の流れという自然が生み出す運動エネルギーによって動き、粉をひくことなどに使用されていました。

一方、蒸気機関は石炭を燃やして水を加熱し、発生した水蒸気が持つ熱エネルギーを使ってピストンを動かし、運動エネルギーを取り出します。つまり、「熱エネルギーから運動エネルギーへの変換」が行われている。これは、熱源となり得るものはすべて動力に変換できることを意味します。

石炭も石油も天然ガスも、そして原子力も、熱源という意味では違いはありません。蒸気機関の発明は燃料の選択肢を広げ、かつてない規模でのエネルギーの大量使用を実現する道を切り開くことになりました。

そして、四つ目の革命である「電気の利用」によって、エネルギーを簡単に移送し、自由自在にエネルギーを変換できるようになりました。蒸気機関では、熱エネルギーを取り出した場所で変換された運動エネルギーを使う必要がありましたが、電気の場合は、つくる場所と使う場所が離れていても送電線を通じて送れるので、「場の制約」から解放されます。

その上、運ばれてきた電気エネルギーは、モーターによって運動エネルギーに変換したり、テレビによって光エネルギーに変換したり、電気ポットでお湯を沸かす熱エネルギーに変換したりと自由自在です。電気の登場によって、さまざまな制約がなくなり、エネルギー消費量は飛躍的に増えました。

最後の五つ目の革命は「人工肥料の開発」です。20世紀に入って、肥料の3要素の一つである窒素を人工的に生産できる技術が開発されました。人工肥料とエネルギー革命は一見あまり関係のないように思えますが、人工肥料は、大量のエネルギーを投入して空気中から窒素を取り出し、固定化させることで製造します。

人工肥料が開発される前までは、自然界で窒素を固定化させる量には一定の限界があり、その上限が、人類を含む生物の総量を制限していました。それが自然界の暗黙の秩序でした。しかし、窒素肥料の大量生産が可能になったことで、穀物の収量が飛躍的に増える「緑の革命」を支え、これが人口の爆発的な増加をもたらしました。

20世紀初頭、16億人にすぎなかった世界人口は、20世紀末には60億人を突破し、2022年末には80億人を超えました。もし、人工肥料が開発されていなかったら、人口は16億人からあまり増えなかったと考えられます。人工肥料の開発技術は、自然界のくびきから人類を解き放ちました。

今日に至るまで私たちは、これら五つのエネルギー革命を経て、エネルギーを自由気ままに大量消費できる社会を実現し、自然界の束縛から自由になっていきました。しかし、裏を返せば、現在の資本主義社会は、大量のエネルギー供給が少し細るだけで社会が揺らぐ、ある意味脆弱な世界であることを知っておかなくてはなりません。ロシアのウクライナ侵攻により、欧州への天然ガス供給が細り、危機的な状況に陥ったのは、その典型例と言えるでしょう。

Q 脱炭素に向けてさまざま次世代技術の開発が進んでいます。第6次エネルギー革命の可能性も含めて、テクノロジーの進化がもたらす可能性をどう捉えていますか。

今後、全エネルギーに占める再生可能エネルギーの比率は高まっていくと考えられますが、太陽光発電には大規模な用地と大量の資材を必要とし、土地の占有と将来的な廃棄物の増加という問題があります。火力には温暖化ガス排出の問題があり、原子力は安全性や高レベル放射性廃棄物の問題をクリアしなくてはなりません。

水素（グリーン水素）は、太陽光や風力などの再生可能エネルギーを使って発電し、その電力を利用してつくることができますが、水素をつくるためにエネルギーの投入が必要になるため効率が悪くなります。

いずれも一長一短があるため、再生可能エネルギーを中心としつつも、複数のエネルギー源を特性に応じて使い分け、まさにエネルギーミックスで乗り切るほかありません。その上でこの先重要なのは、限りあるエネルギーを今まで以上に大切に使うという私たち一人ひとりの意識であり、問われているのは私たちの覚悟だと思います。

エネルギー問題の解決につながるテクノロジーとして、この先ゲームチェンジャーとなり得るのは、核融合反応による原子力エネルギー技術の実用化です。ただ、技術的に乗り越えなければならない壁が高く、今世紀末までに普及が進めば御の字だと思います。気候変動問題は待ったなしの状況ですから、それまでの間は既存の技術でどう乗り切るかを考えなくてはなりません。

Q 際限のないエネルギー獲得を欲する私たちの脳、我々に内在するエネルギー消費を

増大させる本性を、うまくコントロールしなければならないということですね。

そこが非常に重要なポイントです。脳をあまり自由に解放せず、理性でどうコントロールするかです。世界最古の物語として有名な「ギルガメシュ叙事詩」（紀元前1300～1200年ごろ）に、森の守り神フンババを打ち倒して、森林伐採を進めたギルガメシュ王の話があります。金属製の斧《おの》を携え、最高品質のレバノン杉を切り倒していく王は、文明社会の象徴です。しかし、森の乱伐は神の逆鱗《げきりん》に触れ、人々はその後、7年にわたって飢《き》饉《きん》に苦しんだという話です。

この物語を書いた人たちは、文明社会がいったん森に分け入れば、森は破壊され続け、その結果、洪水の頻発や土地の砂漠化などのしっぺ返しを受けることを経験から知っていたのだと思います。人類は木を切り続ければ何が起きるかを知っていながら、森林伐採の誘惑を止めることができませんでした。そうして豊かな土地を失っていったのです。

これは化石燃料を大量に消費し、地球温暖化を止められない現代と全く同じ構図だと思います。気候変動に関してはいまだに懐疑派の人たちがいますが、化石燃料は遅かれ早かれ必ず枯渇する運命にあるので、気候変動を深刻と捉えるかどうかにかかわらずどのみち化石燃料に頼らないエネルギー消費のあり方を考えていく必要があります。だとしたら、温暖化についての危機感が高まっている今こそ、エネルギー資源枯渇の問題に対して対策を考え、行動する絶好の機会ではないでしょうか。

古舘恒介氏（ふるたち・こうすけ）

西日本カーボン貯留調査社長。1994年慶應義塾大学理工学部応用化学科卒。日本石油（当時）に入社し、リテール販売から石油探鉱まで広範な事業に従事。エネルギー業界に足を踏み入れたことで、エネルギーと人類社会の関係に興味を持ち、思索の集大成を著書『エネルギーをめぐる旅―文明の歴史と私たちの未来』（英治出版、2021年）にまとめた。

第5章

業界別に見るサーキュラーフレームワーク

第3章では、サーキュラー化の緊急度を物質別に整理する方法を解説し、第4章のコラムで物質別フレームワークを紹介した。本章では、その物質別フレームワークを組み合わせ、業種ごとに「採取と拡散」のパターンを検討する。取り上げる業界は、エネルギー、製造、食品・飲料、化学の四つ。読者が属されている企業がこの業界外であっても、少なくともエネルギーに無関係な企業はなく、フレームワークの構造が似ている他の業界もある。ここで紹介する四つの業界の例を参考にして、自身の業界でのサーキュラー経営フレームワークを構想してほしい。

1
エネルギー業界

脱化石燃料化の道筋をどう描くか

エネルギー業界

採取と拡散フレームワーク

エネルギー業界の「採取と拡散フレームワーク」は、基本的にシンプルだ。地下資源として固定されていた炭素（石油、石炭、天然ガスなどの化石資源）を採取し、そこから熱や光、動力などのエネルギーを取り出すために燃やすとCO_2が大量に発生し（同時に窒素酸化物や硫

図表5・1　エネルギー業界の採取と拡散フレームワーク

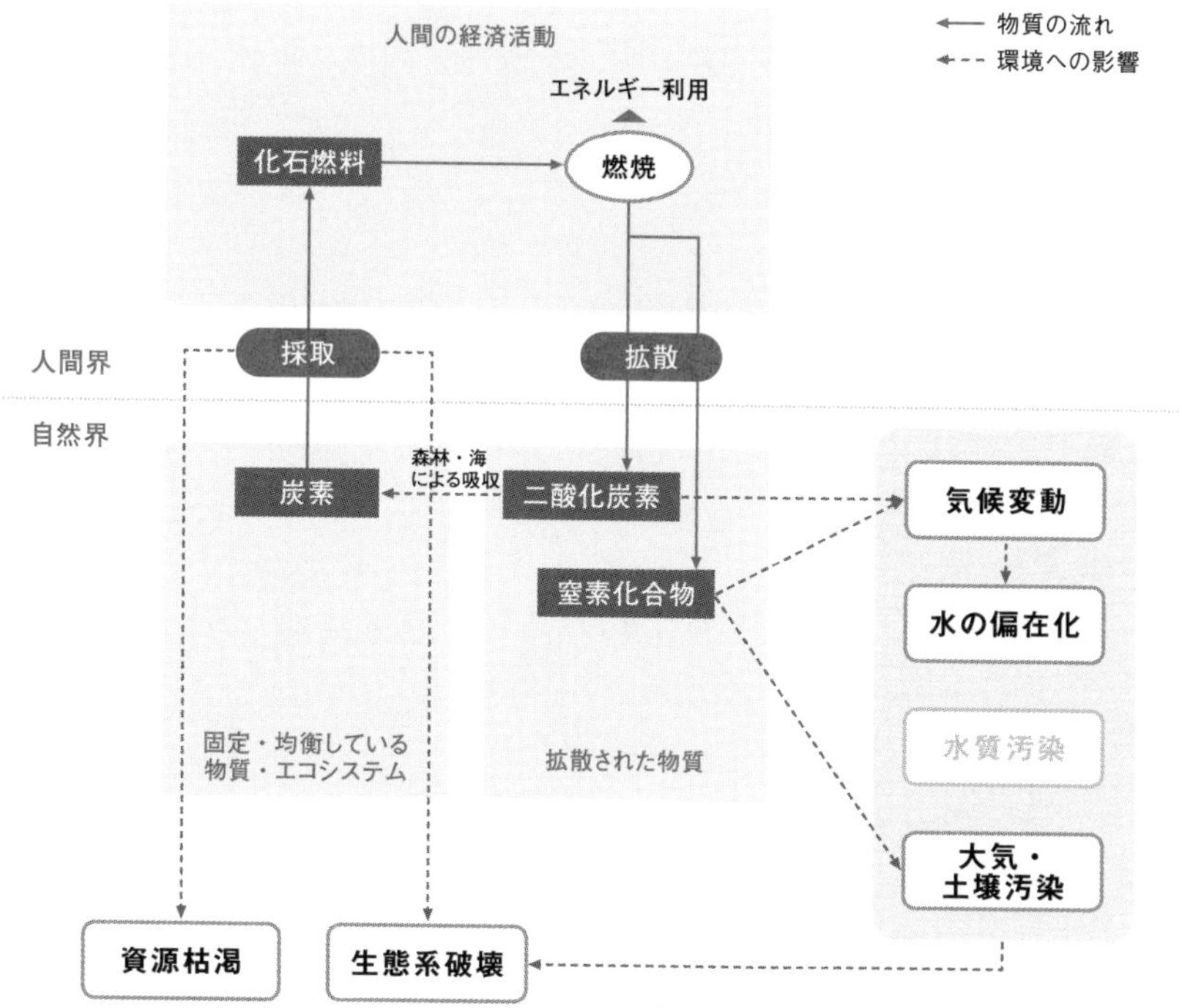

出所：PwC作成

黄酸化物も発生）、自然界へ放出されていく。これが、大きな流れだ。

採取のリスクに関しては、資源枯渇と採取場所周辺の環境破壊が2大リスクといえるだろう。化石燃料は太古の時代に存在していた植物やプランクトンなどが長い年月を経て変化したものであり、すぐにできるものではない。そのため現在のように大量に使い続けるといずれ枯渇する。英エネルギー大手ＢＰの推計によると、石油や天然ガスは今後53・5年、石炭は１３９年で枯渇する。(注1)

また、採取の過程でも、例えば、シェールガスの掘削では大量の水や化学物質を用いるため、水源への悪影響や地下水の汚染など、周辺の生態系の破壊が懸念される。石炭採掘でも、特に露天掘りの場合、山林伐採や粉じんによる大気汚染などの環境破壊が引き起こされている。

拡散のリスクに関しては、燃焼により大気に放出されたCO_2や窒素酸化物（NO_x）が温暖化を加速させ、土壌や河川、海などに流出した反応性窒素や硫黄酸化物は、生態系に悪破壊を及ぼす。

これらの関係を整理したのが図表５・１だ。

エネルギー業界

サーキュラーフレームワーク

採取と拡散のフレームワークで、エネルギー業界が抱えるサステナビリティ課題がクリアになった。次のステップは、これらの課題のソリューションをこの図に落とし込み、ソリューションのフレームワークをつくり上げる。これが、サーキュラービジネス化のベースとなる。図表５・２に、

図表5・2　エネルギー業界のサーキュラーフレームワーク

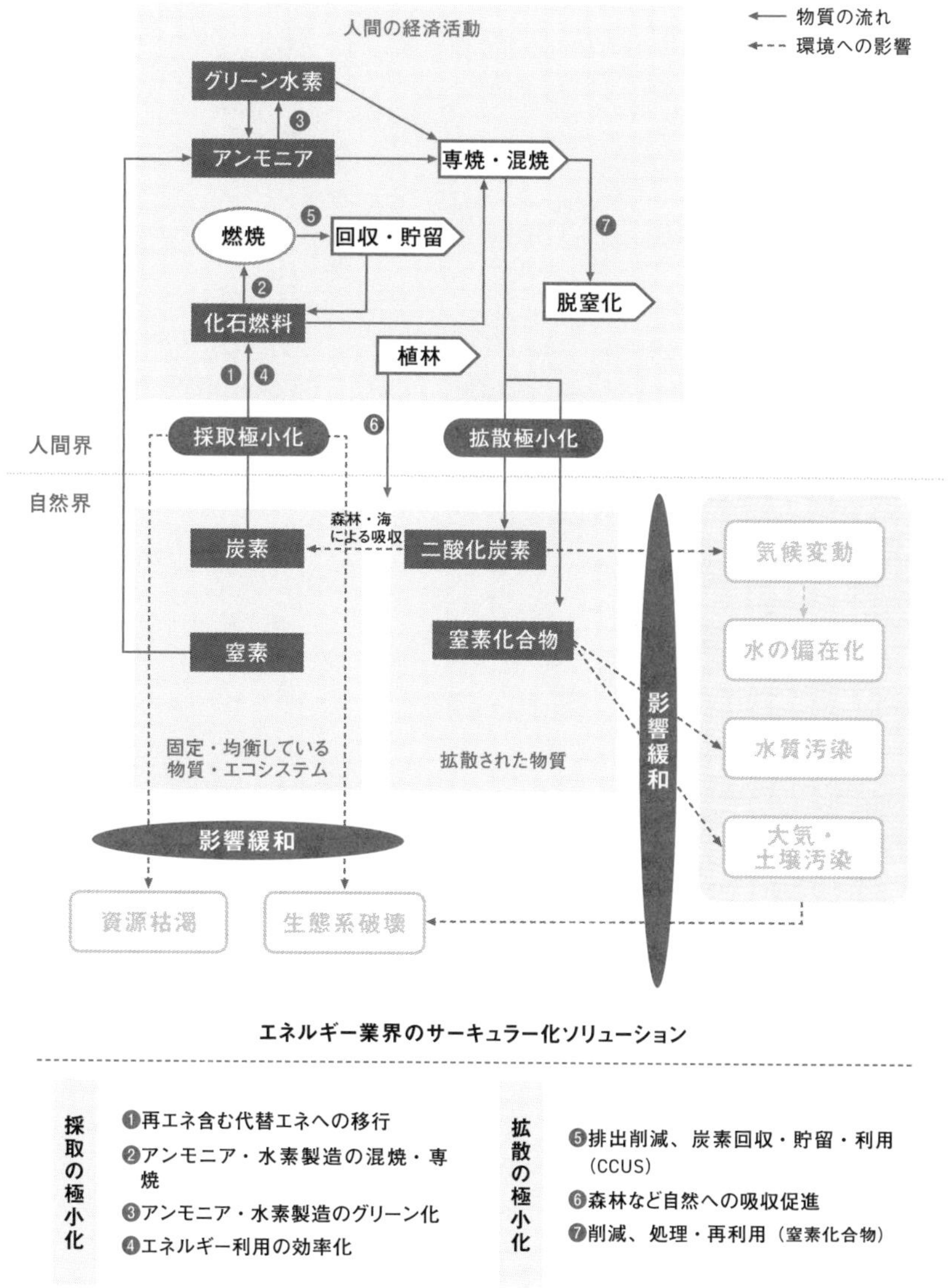

出所：PwC作成

エネルギー業界のサーキュラーフレームワークを示す。

化石資源の採取を極小化するには、再エネを含む代替エネルギーへの移行（①〜③）と、エネルギー利用の効率化による使用量削減（④）が2本柱となる。太陽光や風力のように技術の商業化段階にあるものから、アンモニアや水素混焼、さらには核融合のようにまだ技術的なハードルが残るものもある。どの技術にリソースを張るか、各社が頭を悩ませているところでもある。いずれにしても、エネルギーミックスの観点からも、さまざまな技術の組み合わせになっていくだろう。

代替エネルギーの候補は、風力、太陽光、バイオマスだ。だが、化石燃料のすべてをすぐに再エネに置き換えることは現実的ではない。引き続き使わざるを得ない石炭や天然ガスに対しては、アンモニアや水素の混焼や専焼を進めていくことも解決方法の一つだ（②）。水素やアンモニアは、燃焼時にCO_2を排出しないため、発電事業などでは、石炭や天然ガスと混ぜて燃やすこと（混焼）で、発生するCO_2や窒素酸化物を削減することが可能になる。ゆくゆくは、アンモニアや水素だけを燃やす専焼方式の実用化を目指す企業もいる。

水素、アンモニアは、再エネの原料として期待されているが、例えば、水素の大部分は石炭や天然ガスなどの化石燃料を原料に高温で分解・改質して製造されている（グレー水素）ため、太陽光や風力発電などの再生エネを利用して水の電気分解で製造するグリーン水素などのCO_2を排出しない方式に変えていく必要がある（③）。さらに、化石燃料を原料とする場合も、エネルギー生産の効率（発電効率など）を上げ、原料の使用量を極力抑える努力が欠かせない（④）。

次に、拡散の極小化について見ていこう。対象となるのはCO_2と窒素酸化物だ。まず、CO_2

については、再エネ化による排出削減に加えて、自然界に拡散する前に専用施設で回収・貯留・利用（⑤）し、すでに拡散したCO_2は植林などを通じ、自然への吸収を促進させる方法などが考えられる（⑥）。窒素化合物に関しても同様に、再エネ化による排出削減とともに、自然界に拡散させる前に回収し、処理・再利用する（⑦）。

ここまでで基本的な問題点・課題と、それに対するソリューションが明らかになった。

CO_2の採取と拡散の最小化という意味では原子力発電も一つのソリューションになるが、新たな採取と拡散の課題を生み出す。ウラン採掘は露天掘りや地下採掘などの大規模な土地改変を伴い、生態系への影響が大きい。また、放射性物質の拡散が大きな問題となる。使用済み燃料の最終処分問題に加え、ウラン鉱石に含まれるウランはわずか0・7％にすぎず、ウランを取り出すために化学処理された後の残渣にも放射性物質が含まれていて、廃棄には土壌や水質汚染のリスクがある。CO_2排出量の少ない安定電源として重要視される原子力だが、別の採取と拡散の問題への対応が必要だ。

技術的には開発途上にあるが、核融合発電の技術開発も進んでいる。従来の原子力発電では、ウランに中性子をぶつけて分裂（核分裂）するときのエネルギーを使うが、核融合発電では、ウランは不要で、重水素と三重水素（海水から採取可能）をぶつけて融合するときに出るエネルギーを使う。発生する放射性物質の処理も、核分裂の場合は10万年かかるが、核融合では約100年だという。核廃棄物や安全性の面では、核分裂方式よりも格段に向上するといわれているが、実用化にはまだ時間がかかるうえ、核廃棄物問題についても根本的に解決するわけではない。

サーキュラー施策例

エネルギー業界では、化石燃料以外の原料からエネルギーを生産する体制にどうシフトしていくかが、最大の課題だ。発電事業においては、風力、太陽光、水力、地熱、バイオマスなどの再エネに加え、原子力や廃棄物発電も視野に入ってくる。再エネの注目度は高いが、電力の安定供給という点で課題がある。その観点では、送配電において蓄電池が非常に重要な技術であり、より長寿命でエネルギーロスの少ない製品の開発が期待される。

輸送燃料に関しては、航空機では再生可能または廃棄物を原料とするジェット燃料、船舶ではグリーンエタノールやアンモニアなどを燃料とする動きが出てきている。将来的には、自動車を含め輸送業界全般で水素やアンモニアが燃料として浸透していく可能性もある。これについては「自動車業界のサーキュラー施策例」で解説する。

水素やアンモニアは、化学メーカーのプラントで製造された後、石炭火力発電所やガス火力発電所に輸送され、石炭や天然ガスに混ぜて発電に利用すれば、CO_2の発生量を削減できる。将来的には、CO_2が発生しない水素やアンモニアだけを燃料とする専焼が望ましいが、実用化にはさらなる技術開発が必要であり、当面の選択肢は混焼だ。また、前述のように、水素やアンモニアに移行する場合には、製造に化石燃料を使わないグリーン化が欠かせない。

鍵を握るのは回収・再利用の技術開発

次に、拡散の極小化について、検討すべき施策を見ていこう。

エネルギー業界が事業活動を通じて拡散する物質は、主にCO_2だ。このCO_2を回収・貯留し、一部を利用することで拡散を極小化するのがCCUS（炭素回収・貯留・利用）と呼ばれる技術である。発電所などのCO_2が発生する場所にCCUS施設を併設すれば、回収・輸送が容易になり効率的だ。また、原料や製造した燃料を船舶などで輸送する際に発生するCO_2の削減を進める必要もある。三菱造船、川崎汽船、日本海事協会は、船舶エンジンの排ガスからCO_2を分離・回収する実証実験に成功しており、(注2)今後の商用化が期待される。

CCUS施設で回収したCO_2の使い道としては、例えば、植物に吸収させて利用する方法がある。伊藤忠商事とユーグレナは、火力発電所から排出されるCO_2や廃熱を利用してミドリムシを培養する実証実験をしている。ちなみにユーグレナは、ミドリムシなどから航空機のジェット燃料に混ぜて使用するバイオ燃料も開発しており、航空会社に試験的に供給している。

一度、自然界へ放出されたCO_2に対しては、植林などで生態系が持つCO_2を吸収する力を地道に増やしていくくらいしか、企業が取り組める方策はなさそうだ（NPOであれば、さらなる森林伐採を阻止するやり方もあるだろう）。CO_2の吸収機能を高めた樹木の開発に対する支援なども考えられる。未来の話としては、拡散したCO_2を人為的に捕捉するDAC（ダイレクト・エアー・キャプチャー）と呼ばれる技術もあり、それらへの開発支援も施策の候補になる。

原料の化石燃料を燃焼させた際に生じる窒素化合物については、発生量を減らすために二つのアプローチがある。一つは、再エネ原料との混焼や燃焼効率の向上などで、エネルギー当たりの原料（化石燃料）の使用量を削減すること、もう一つは、発生する窒素化合物を回収・無毒化（脱窒化）して放出あるいは回収・再利用することだ。日本の発電施設では、回収・再利用に関しては先進的といえるが、途上国などではほとんど進んでいない。過剰につくり出された反応性窒素が生態系に与えるダメージは、気候変動以上に危機的な状況にあり、発電時に発生する反応性窒素のサーキュラー化を構築できれば、その課題解決にも貢献できる。

例えば、高温燃焼で発生する有害な窒素酸化物をアンモニアに変換する技術の研究を進めている産業技術総合研究所は、独自に開発したナノ複合触媒材料を使って窒素酸化物の80％程度をアンモニアに変換することに成功している。アンモニアは化学原料として広く使われているので、窒素化合物の循環利用を後押しする新しい技術として注目されている。(注3)

企業の枠を超えて変革するビッグピクチャーを持つ

これらの施策のすべてを単独で進める必要はない。例えば、燃料輸送時の船舶のCO_2排出削減は、そうした技術を持つ船舶輸送の企業と組めばいい。このフレームワーク図で大事なのは、エネルギー業界の中での物質の流れとそれらが自然界に及ぼす影響の全体像をつかみ、自分の会社がどのような役割を果たしているのかを可視化することだ。自分たちの位置づけが明確になれば、バリューチェーン前後との関係性や相乗効果の可能性を理解し、より大きなビジネスに展開できる可能性がある。ただし、そのためには、自社の活動を超えて、外部と緊密に連携することが必要だ。

燃料電池技術や液化水素技術、水素精製技術など、日本は水素技術で世界をリードしている。水素に関係するさまざまな技術を生かし、水素バリューチェーンの構築、社会実装の加速を進めるため、2020年に水素バリューチェーン推進協議会が発足した。メンバーはＥＮＥＯＳ、川崎重工、関西電力などで、バリューチェーン上の異なる役割を担う企業が集結している。

だが、日本企業はこれまで培ってきた水素技術を使って、世界の市場をもっと大きく取りにいくことができるのではないか。脱化石燃料化や再エネ化の動きが進み、エネルギーのサプライチェーンが大きく変わろうとするなか、例えば、オーストラリアは再エネ化への変革をデザインし、化石燃料の輸出国から、グリーン水素などグリーンエネルギーの輸出国に転換しようとしている。それに比べて日本は、高度な技術を持っているにもかかわらず、残念ながら「サプライヤー」にとどまっている。その技術も今は先進的かもしれないが、将来的にはコモディティ化し、いずれ中国との価格競争に巻き込まれる可能性がある。そのような未来を繰り返さないためにも、技術力を生かして、日本への輸入・消費だけでなく、アジアを視野に入れたエネルギーの新しいサプライチェーンというビッグピクチャーを描き、その実現に向けて突き進んでほしい。

急速に活発化するアジアの脱炭素化

最近のエネルギー業界の動きについて見ていこう。

地球環境の限界を考えると、化石資源を掘り出し、それを大量に燃焼させてエネルギーを取り出す従来のビジネスは持続可能性がなく、先細りしていくことは確実だ。今後は、炭素の採取とCO_2の拡散を増やさないことを前提に、新しいビジネスモデルを考えていく必要がある。エネルギー企業が化石燃料から再エネへの転換を進めれば、ユーザーの企業でも自動的に脱炭素化が進む。つまり、エネルギー企業のサーキュラー化はサプライチェーンのみならず産業界全体の脱炭素化を大きく進める力を持っている。

あるアジアの大手エネルギー企業のＣＥＯは、「化石資源に依存した従来のビジネスに未来がないことは確実だ。当社はスタートが遅れたが、今後は急速に、脱炭素化した事業ポートフォリオに変えていく予定だ。未来の事業ポートフォリオを確実に実行に移すために必要な設備を整え、サプライチェーンの改革や新しい顧客へのチャンネルの整備、そして社員を適応させるためのリスキリングの計画を立てて実行に移していく」と話していた。事業ポートフォリオの変革を単なる絵に描いた餅として置いておくのではなく、スピード感をもって実装までやりきるための、強い意欲を垣間見た。

エネルギーの脱炭素化は欧州の企業を中心に動いていると考えるのは大きな間違いだ。今や、アジアのエネルギー企業も大胆かつスピード感をもって、戦略的にポートフォリオの転換を図り始めている。

例えば、インドネシアの大手エネルギー企業プルタミナは、主に石油やガスの探鉱と生産、精製、流通を手がけ、アジア諸国を中心にアフリカやオーストラリアなどと取引している。脱炭素化の流れの中、2021年頃から、再生可能エネルギー、CCUS、バイオ燃料の開発など、化石燃料に依存した事業からの脱却と新しい事業ポートフォリオへの移行を進めている。また、廃棄物のエネルギー資源化、すなわち家庭廃棄物のバイオ燃料化や、プラスチック廃棄物からケミカルリサイクルでオイルを抽出する技術の開発などにも取り組んでいる。これまでバージン化石燃料を販売していた既存顧客に対して、脱炭素化された新しいエネルギーを提供する試みだ。

アジアには再エネ資源が少なく、また石炭火力発電所も減るどころか新設されているため、発電所自体のグリーン化には時間がかかることが予想される。しかしながら、プルタミナや、第3章で紹介したタイのバンプーのような大手エネルギー企業は、発電施設のグリーン化だけでなく、生き残りをかけて事業ポートフォリオを急速に転換させようとしている。

自らが再エネ周辺ビジネスの起爆剤になる

石油など化石燃料の価格が高まる中で、バイオ燃料の需要も少しずつ拡大している。価格競争力をさらに高めるためには、スケール化を加速させる必要がある。

今後スケール化が期待される事例として、まだ検討段階だが、日本のユーグレナとマレーシアのエネルギー大手ペトロナス、イタリアのエネルギー大手エニが、マレーシアで進めているバイオ燃料の製造プラント計画が挙げられる。(注4) 原料には、植物油や動物性油脂、使用済み食用油、植物油の加工に伴う廃棄物、将来的には微細藻類由来の藻油などのバイオマス原料を使用する予定で、原料処理能力は年間約65万トン、バイオ燃料の製造能力は最大で日産1万2500バレルとなる見通しだという。2024年1月末に実証プラントの稼働を終了する一方で、商業化後に必要となる大規模・継続販売やサプライチェーン構築に向けて準備を始めている。

また、採取と拡散の極小化を進めていく中で生じる新しいビジネスを、周辺部分を含めて面で取りにいくことも非常に重要だ。第3章で紹介したバンプー・ネクストがこれに当たる。再エネ事業は、単独では採算性に課題があるが、同社は再エネ事業に加えて、その周辺に生まれるビジネスを外部と連携しながら総取りする戦略を取っている。モビリティ業界はエネルギー業界にとっての重要顧客だが、同社はモビリティの再エネ化を推進する先頭に立ち、エネルギー供給だけでなく、電気自動車や電動バイク、電動トゥクトゥク事業を手がけることで需要を自らつくり出している。さらに、モビリティ事業に使うバッテリーなどのリサイクルなどを幅広く手がけ、再エネ事業周辺のエコシステムを総取りすることで、大きな利益を確保する戦略だ。

従来の事業範囲や概念にとらわれず、自らが再エネ周辺ビジネスの起爆剤となり新市場を切り開いていくことで、結果的に、本丸の再エネ事業の市場拡大にもつながり、トータルで収益化を狙うことができる。

エネルギー業界の動き③

目的ドリブンな投資で先手を打つ

少し余談になるが、日本でもコーポレート・ベンチャーキャピタル（CVC、事業会社が社外のベンチャーに対して行う投資活動）や社会課題解決型事業を推進するためのファンドを組成したり、そこに投資したりする企業が増えている。しかし、ファンドの戦略が明確ではなく、自分たちのビジネスと関係の薄いスタートアップに資金をばらまき、結果として「全然成功しない」という声もよく聞く。純粋な金銭リターン目的に舵を切るか、自社の事業とのシナジー効果を最優先にするか、明確な方向性を決める必要がある。

アマゾンは2019年9月、気候変動団体グローバル・オプティミズムと共同で、「パリ協定の目標を10年前倒しで達成し、2040年までに二酸化炭素排出量を実質ゼロにする」という気候変動に対する誓約を発表した。この誓約を達成するため、20億ドル規模の「気候誓約ファンド」[注5]を2020年に立ち上げ、気候変動対策のための革新的な技術を開発する企業の支援を始めた。アマゾンの事業でCO_2排出が多いのは物流部門だ。アマゾンは同ファンドを通じて電気自動車の充電技術を開発するスタートアップに投資しており、この技術を使えば従来の10分の1のスペースと期間で充電ステーションを設置できるようになる。アマゾンでは2030年までに電気配送車を10万台導入することを目指しているが、アマゾンだけでなく今後、電気自動車を運用する企業にとっては、信頼性の高い急速充電を利用できることが必須であり、そのインフラづくりに欠かせない技術にアマゾンは先行して投資している。[注6]

多くの企業が、サステナビリティビジネスのスケール化で苦心しているが、その壁を乗り越えるには、これらの事例のように、中長期的な視点で自社のサステナビリティ戦略を描き、それを実現するための新しい技術やサービス対して、目的ドリブンな投資を先行して実行し、新市場を面で取りにいく戦略が参考になるだろう。

2 自動車業界

バリューチェーン下流の脱炭素化と資源循環がカギ

自動車業界

採取と拡散フレームワーク

ここでは、製造業を代表して自動車業界について述べる。自動車業界では、鉄（自然界では鉄鉱石）、アルミなどの鉱物、プラスチックやタイヤに使うゴムの原料となる石油（自然界では原油）などを原材料に、部品を製造し、それらを自動車会社が組み立て最終製品にする。完成した自動車はユーザーに販売され、中古車市場などを経て最終的には廃棄される。採取と拡散のフレームワークを図表4・6に示した。サーキュラー化の対象となる主な物質は、炭素、鉱物、窒素、水だ。

自動車業界に深く関連する物質を一つずつ見ていこう。まず、炭素については、「CO_2」と「プラスチック製品」に分かれる。これらの原料になる化石資源（石炭、石油、LNGなど）の採取の際に起きる課題は「エネルギー業界の採取と拡散フレームワーク」を参照してほしい。

自動車業界の特徴は、製品使用時にCO_2排出量が最も大きい点であり、スコープ3をいかに減らせるかが課題だ（スコープ1＝事業者自らによる温室効果ガスの直接排出、スコープ2＝他社から供給された

図表5・3　自動車業界の採取と拡散フレームワーク

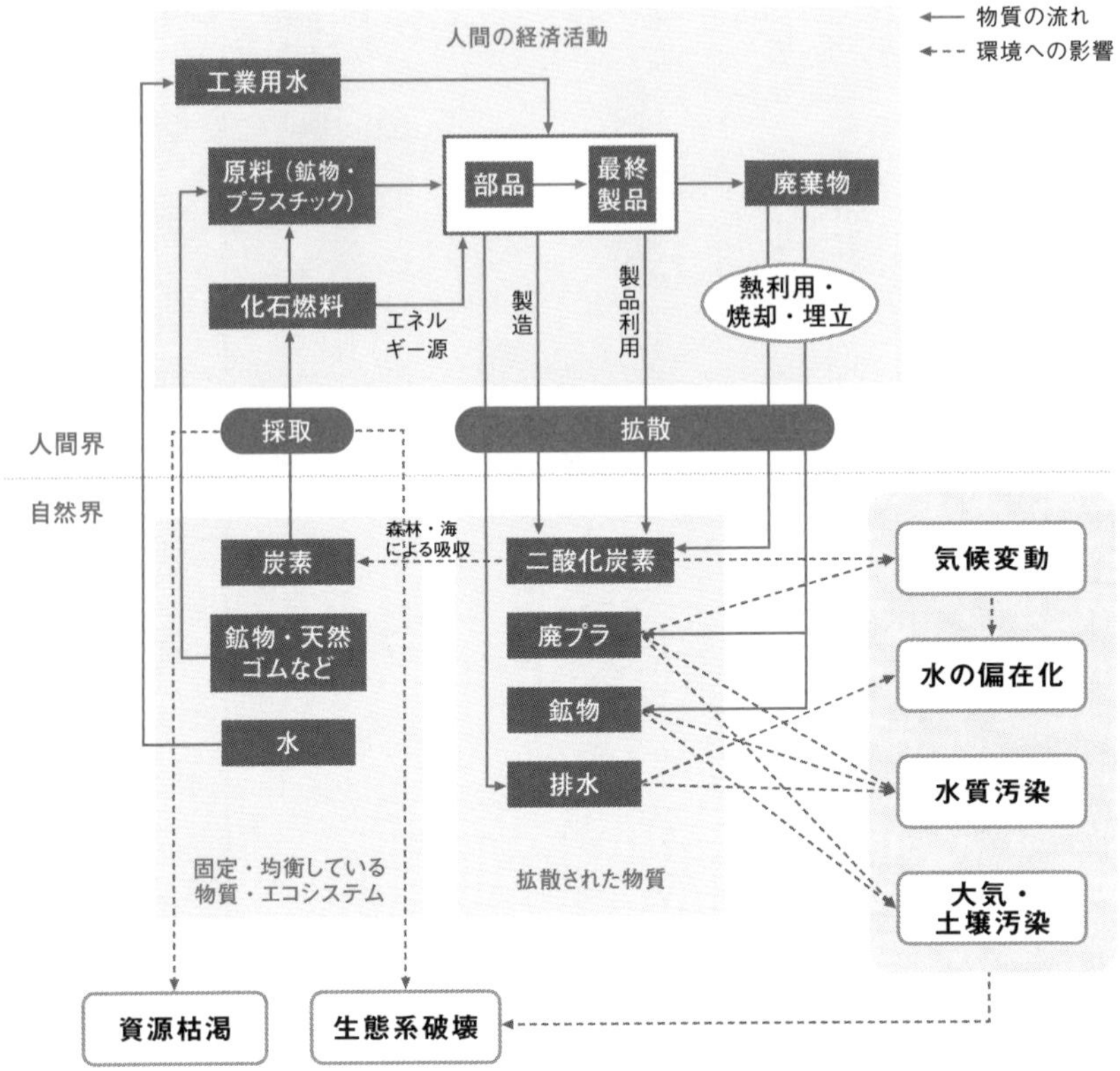

出所：PwC作成

電力や熱、蒸気の使用に伴う間接排出、スコープ3＝スコープ1と2以外の間接排出。購入した製品・サービスや輸送、製品使用、廃棄など）。

マツダの「サステナビリティレポート２０２３」によると、２０２２年度の温室効果ガス排出量は、スコープ1が11万３０００トン（二酸化炭素換算）、スコープ2が75万４０００トンなのに対し、スコープ3は３０５２万２０００トンとスコープ1の約２８０倍に達し、圧倒的に大きい。その内訳を見ると、スコープ3は15項目に分類されており、最大は「販売した製品の使用」、すなわち走行時に排出される２６０８万１０００トンで、次に「購入した製品・サービス（部品製造や輸送など）」３７７万３０００トン、「販売した製品の廃棄」28万９０００トン、「資本財（生産設備の増設など）」17万２０００トンと続く。

また、ガソリンエンジンの場合、ガソリンを燃焼させるとCO_2とともに窒素酸化物（NO_x）が排出される。NO_xは温室効果ガスの一種であり、大気汚染を引き起こす（自動車の排気ガスには、大気汚染の原因となる粒子状物質も含まれている）。２０２２年には、自家用車とバンが世界の石油使用量の25％以上を、エネルギー関連の世界のCO_2排出量の10％を占めている。[注7]

次に、プラスチック製品の拡散について見てみよう。自動車には1台当たり約２００キログラムのプラスチックやポリマー複合材料（原料は石油）が使用されており、[注8]これは、重量ベースで車の約20％を占める。このプラスチックのうち、ごく一部がマテリアルリサイクルされているが、ほとんどが燃やされ、サーマルリサイクル（熱回収）されている。熱回収は国際的にはリサイクルと認められていない。廃棄されたプラスチックは、熱回収となればCO_2などの温室効果ガスが放出され、埋立処分となれば、土壌・大気・海洋汚染の原因となり、生態系の破壊につながる。

一方、廃タイヤに利用されるゴムもプラスチックと同様に、炭素からなる高分子材料である。ゴムは、プラスチックよりもマテリアルリサイクル率が高い。日本では、タイヤのマテリアルリサイクル率は14％で、残りはサーマルリサイクル（熱回収）されている。タイヤの「拡散」については、廃棄物焼却の際に発生するCO_2排出問題に加え、タイヤの摩耗によるマイクロプラスチックの拡散という問題が生じている。タイヤの摩耗によって放出されるマイクロプラスチックは年間約610万トンで、例えば地中海では、マイクロプラスチック汚染の53％がタイヤの摩耗から生じている。また、摩耗で生じたマイクロプラスチックは、風によって8万トン以上が北極や南極に到達しているという。(注9)

タイヤにはカーボンブラックという黒色顔料が使用されているため、熱の吸収効率が非常に高い。そのため、極地の氷の融解を加速させ、世界的な海面上昇の原因となっている。(注10)仮に、世界で使われているタイヤの耐摩耗性を10％向上させれば、6億1000万トンのマイクロプラスチックの放出を削減できることになる。(注11)

タイヤは、原材料の採取の段階でも大きな課題がある。タイヤに使用されるゴムは、天然ゴムと合成ゴムの2種類ある。天然ゴムは、ゴムの木から採取され、1本の木から約30年採り続けられるので、その点ではエコといえるが、天然ゴムの最大の輸出国であるタイなどでは、ゴム農園をつくるために森林破壊が進んでいる。合成ゴムの主原料はナフサ（石油製品）なので、こちらも資源枯渇の課題を抱えている。また、環境課題だけでなく、農園での低賃金労働や子どもの就労など人権問題の解決も重要課題だ。

鉱物に関しては、鉄はシャーシやボディフレームに、アルミはホイールやエンジン、ボディパネルなどに利用されている。鉄の原材料である鉄鉱石は、オーストラリア、ブラジル、中国、インド、ロシアなどで採掘されているが、採掘に際して、大規模な森林伐採による生態系の破壊が生じている。また、採掘過程で使用される化学物質や採掘から生じる廃棄物による土壌・水質汚染、粉じんやガスによる大気汚染など、採掘現場での物質の拡散による環境負荷が大きい。また、製鉄には石炭を使用する高炉プロセスが主流であるため、多くのCO_2を排出する。製鉄産業は世界のCO_2排出量の7%を占めており、(注12) 自動車産業を支える鉄のバリューチェーンにおける石炭の採取とCO_2の拡散問題は深刻だ。

重量ベースで車体の約80%が金属で構成されており、日本国内で廃棄される車体の金属部分は、ほとんどがマテリアルリサイクルされている。他方、中古車として輸出される車に関しては、その廃棄の実態は明らかではない。著者がASEAN4カ国で行った静脈産業関係者へのヒアリングによると、中古車の大部分は廃車寸前まで使用されたのち、インフォーマルな解体業者によって金属はスクラップ化されて中国に輸出され、プラスチックは廃棄場に野積みされるケースが多い。これが統計には表れない現実であり、国内でリサイクル率を高めるだけでなく、世界で引き起こされている課題に目を向ける必要がある。

自動車製造には水も大量に使用し、自動車1台生産するのに5万2000〜8万3000リットルが必要といわれている。(注13) 日本国内の工業用水のリサイクル率は70%台後半と高く、(注14) 産業構造の変化により、工業による水使用量は減少傾向にある。しかし、これは国内製造拠点の話で、製造業の多くは海外のサプライヤーから部品を輸入しており、サプライチェーン全体で考えていく必要がある。例えば、日本や欧州では環境規制が厳しく、工業用水の排水による汚染問題はほとんど起きていないが、規制の緩い途上国では問題が起きやすい。

スコープ3のCO_2の排出を削減する主要な対策の一つとして、電気自動車（EV）化がある。だが、EVに不可欠なバッテリーの製造には大量のエネルギーが費やされる。さらにバッテリーの重要構成物質であるニッケル、コバルト、リチウムは、採掘現場でも生産でも廃棄時にも、自然破壊や生物多様性の毀損を引き起こす。

EVのバッテリーに欠かせないリチウムは、鉱石から生産する方法とかん水（塩分を含んだ水）から生産する方法がある。鉱石からリチウムを精製するには、1000度超で焼いたり（か焼）、鉱石を硫酸で溶かしたりする（硫酸法）プロセスがある。か焼の熱源は石炭や重油で、燃やせば大量のCO_2が発生し、硫酸法では大量の硫酸ナトリウムも生じる。コバルトは採掘で粉じんなどによる健康被害や環境破壊、児童労働などの問題があり、製錬においても大量のCO_2をまき散らす。

キューバの衛星分析によると、ニッケルとコバルト鉱山が存在する570ヘクタール超の土地で生物が生息しておらず、10キロメートル超の海岸線が汚染されていることが明らかになった。[注15] フィリピンでは、ニッケルやコバルトを生産する鉱山の多くが周辺地域に健康被害や自然破壊などの悪影響を及ぼしたため、23の鉱山が閉鎖せざるを得なくなったという。[注16]

さらに、ニッケル、コバルト、リチウムは、採取・生産の際に大量の水を使用する。1トンのリチウム（自動車用バッテリー100個分）を生産するには、約200万トンの水が必要だ。リチウムの主要産出国であるチリ、アルゼンチン、ボリビアでは、リチウム産業のせいで水不足が生じているほか、現地の生態系にも影響が及んでいる。(注17) そこで生産された素材を輸入して使えば、現地での水不足や環境汚染、生態系破壊に加担することになりかねない。

このように自動車業界の採取と拡散フレームワークを見ると、原材料、製造時のエネルギー・資源利用、廃棄などを通じて、自然界に多大な負担をかけていることがわかる。これらの負担が、資源枯渇や生態系破壊に結びついていく。

自動車業界

サーキュラーフレームワーク

では、これらを踏まえて、自動車業界の採取と拡散による問題を解決していくための、サーキュラーフレームワークを考えてみよう。

自動車業界の採取と拡散の最も重要な課題は、「①化石燃料の採取を減らす」「②製品利用時のCO_2とNO_xの拡散を減らす」「③製造時のCO_2を減らす」「④車体に使用している金属とプラスチック樹脂の採取と拡散を減らす」「⑤サプライチェーン上流の水問題を解決する」の5点だ。

①については、自動車製造時のエネルギー利用に関して、化石燃料から再エネを含む代替エネルギーに変えていくことや、工場におけるエネルギー利用を効率化、つまり単位エネルギー当たりの

生産性向上が比較的取り組みやすい対策となる。

②については、これまでにもエネルギー効率の高いエンジン開発や軽量化、排気ガスからＮＯｘを除去する技術の開発などが進められ、排ガス環境規制も年々強化されてきた。ここ数年では、そもそもCO_2やＮＯｘを排出しないＥＶへのシフトが急速に進められている。しかし、ＥＶ化しても、前述したようにバッテリーに使うリチウムなどの採取や拡散で、環境に大きな負荷がかかっている。さらに、ＥＶで使用する電気が化石燃料由来であれば、CO_2やＮＯｘの拡散は生じる。どんな由来の電気を利用できるかは、各地域のエネルギーミックスに依存するため、自動車産業で対応していくことは難しいかもしれないが、再エネの充電ステーションを運営（あるいは運営支援）することは可能だろう。

③のCO_2については、部品数削減や製造の効率化のほか、CO_2を回収・貯留・再利用するための施設の工場併設、CO_2を吸収する森林の保護や植林に取り組む方法もある。

④については、鉄・アルミ、プラスチック樹脂の使用を減らす省資源設計や、炭素繊維や生分解性プラスチックのような別の物質に置き換えていくことで、採取時の森林破壊や有害物質の拡散による生態系破壊、部品や素材の製造過程で生じるCO_2拡散などの負の影響を抑えることができる。さらに、モジュールごとの交換を可能にする設計や修理による製品の長寿命化、シェアリングやアズ・ア・サービス化による稼働率の向上なども有効だ。

特に、プラスチック樹脂に関しては、開発・設計や素材開発などの段階でリサイクルのしやすさを考慮して変えていく必要がある。さらに、国内だけでなくアジアに輸出されるプラスチック廃棄

図表5・4　自動車業界のサーキュラーフレームワーク

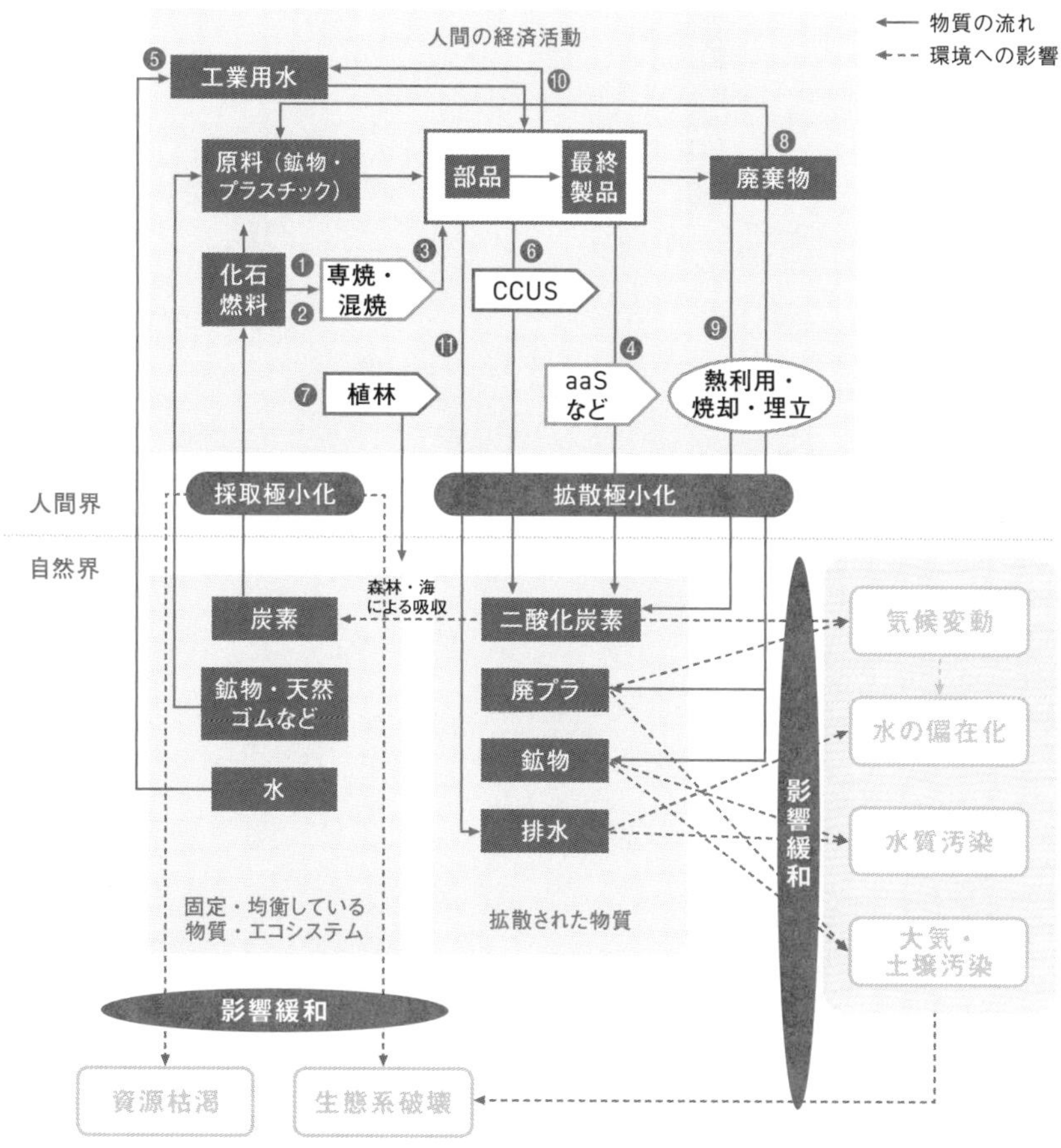

自動車業界（製造業）のサーキュラー化ソリューション

採取の極小化

❶再エネ含む代替エネ移行
❷エネルギー利用の効率化
❸省資源設計、素材の切替
❹長寿命化・稼働率向上、アズ・ア・サービス（aaS）化
❺水利用の効率化、水需要の削減

拡散の極小化

❻排出削減、炭素回収・貯留・利用（CCUS）
❼森林などの自然への吸収促進
❽リユース、再製造、リサイクル
❾生分解性素材への切替
❿削減、清浄処理・再利用（水）
⓫水源の保全

出所：PwC作成

物の処理も重要なテーマであり、輸出国の規制の先を行く形で進めていくべきだ。

ＥＶに関しては、バッテリーに使うニッケルやコバルト、リチウムについて、すでに製品化しているものについては回収・再利用の循環網をつくり上げる一方、こうした希少金属を使わないバッテリーの開発に取り組む必要がある。

最後に、⑤については、自動車の製造には冷却（鋳造工程での炉の冷却など）、希釈（機械加工工程で切削や洗浄液の原液を希釈）、洗浄（塗装工程での車体の洗浄など）で水の利用が欠かせない。工業用水のリサイクル利用などを検討しておく必要があるだろう。日本企業では水の効率利用が進んでいるが、サプライチェーン全体に目を向けると、ＡＳＥＡＮのサプライヤー企業が、大量の化石燃料や水などの資源を使用しているケースが多い。また、リチウム、コバルト、ニッケルの採掘や生産にも大量の水を使う。そのため、サプライチェーン全体で水利用の削減と効率化を図り、ＡＳＥＡＮなど関係する国の水源も植林などを通じて保護していく必要がある。

自動車業界

サーキュラー施策例

以上を踏まえて、自動車業界のサーキュラー化に向けた施策例を「①化石燃料の採取を減らす」「②製品利用時のCO_2とNO_xの拡散を減らす」「③製造時のCO_2を減らす」「④車体に使用している金属とプラスチック樹脂の採取と拡散を減らす」「⑤サプライチェーン上流の水問題を解決する」の五つにまとめてみた。まずは「①化石燃料の採取を減らす」と「②製品利用時のCO_2とNOxの拡散を減らす」について見ていこう。

すでに述べたように、自動車産業のCO_2排出は製品の利用時が最も多く、同時にNOxを排出する。そのため自動車各社は、EVや燃料電池車（FCV）、ハイブリッド車などの比率を高めようとして、開発や増産に乗り出している。

EVやFCVにすれば使用時のCO_2排出問題は解決されるが、化石燃料由来の電力や水素燃料などを使うならあまり意味がない。そこで施策としては、EV化やFCV化とセットで、再エネ由来の電力や水素燃料などの供給網を考えていく必要があるだろう。テスラやフォルクスワーゲンのように自社で再エネ供給網の整備を構築してもいいし、他業界の企業と連携してもいいだろう。第3章で紹介したバンプー・ネクストのように、大手エネルギー企業が関連会社などを通じて再エネの燃料供給ネットワークに参入してくる可能性もあり、そうした企業と組むのも一つの手だ。

「③製造時のCO_2を減らす」については、製造に必要な電力や熱源などのエネルギー源の再エネ化のほか、1台の車の製造に必要なエネルギー量を削減し、効率化を進めることが欠かせない。そのためには、高効率設備への更新や機械の非稼働時間帯での待機電力削減、業務改善による設備運転の見直しのほか、生産ラインの統廃合や集約などを進める必要がある。

例えば、ボルボは本国スウェーデン・ショヴデ市のエンジン工場を2018年にカーボンニュートラル化した。2020年には中国・成都工場で再生エネ電力使用率100％を達成し、さらに2021年に、スウェーデン・イェーデポリ市のトースランダ工場でカーボンニュートラル化を達成した。[注18] テスラは２０２２年末時点で自社工場に3万２４００キロワットの太陽光発電システムを設置したほか、ＡＩによるエネルギーマネジメントシステムの導入を進めた。その結果、スコープ1と2の排出量を２０２１年から２０２２年にかけて30％削減した。[注19] また、テスラは、製造に最もエネルギーを要するバッテリーを内製化しており、それも含めて再エネ化を進めているので、バリューチェーン全体での比較では、他のＥＶメーカーよりもCO_2とＮＯｘの削減が進んでいる。

バリューチェーン全体での削減を考えると、上流の素材メーカーや部品メーカーの工場に対しても、再エネ利用やエネルギー効率の向上を働きかける必要がある。メルセデス・ベンツは２０２１年にスウェーデンの新興企業Ｈ2グリーンスチールに資本参加し、２０２５年からグリーン水素を用いて製造されたグリーン鋼鉄（CO_2排出なし）を年間約5万トン調達し、さまざまなモデルの車体に使用する予定だ。[注20] 同時に、CO_2排出の少ない低炭素アルミニウム（鋳造部品に使用）の調達も進めている。

また、部品サプライヤーに対しては、CO_2排出データの提出義務づけ、目標設定と達成状況のモニタリング、排出削減のアドバイスや技術支援などを通じて積極的に関与していくこともポイントになる。フォルクスワーゲンは、サプライヤーの調達条件に炭素価格を織り込み、再エネの使用を推進するガイドラインを設けている。ＢＭＷは、サプライチェーンレベルで２０３０年までに、CO_2排出量を２０１９年比で2割削減することを目標に掲げ、サプライヤーの選定基準にも排出削減要求を明示している。[注21]

「④車体に使用している金属とプラスチック樹脂の採取と拡散を減らす」施策としては、軽量化、省資源設計、モジュール化、製品の長寿命化、アズ・ア・サービス型モデルの導入、自動車利用の効率化などが挙げられる。第3章でも述べたように、建設機械大手のキャタピラーは、全製品を対象として（キャタピラーが定める要綱に基づき）コンポーネントを分解、摩耗部品を計測・判定し、不具合のある部分だけを取り替えたり、ディーラーによるオーバーホール（分解・点検・清掃・再組み立て）を実施したりして、顧客に製品を長く使ってもらえる「リビルドプログラム」を展開している。[注22]また、こうした過程で部品は回収・再利用され、この取り組みを通じて、キャタピラーは約6万7000トン以上の材料を再利用し、原材料の使用量を削減している。[注23]

　また、使用後の製品を確実に回収できる点で、自動車のカーシェアリングやサブスクリプションサービスも注目に値する。カーシェアやリース、サブスクでは、自動車の所有権は利用者に移転せず、事業者が握っている。そのため、廃車になった後、事業者が回収して再資源化する循環構造をつくりやすい。

　鉱物資源（鉄やアルミニウムなど）については、解体事業者、破砕事業者、製鋼会社などの金属リサイクル関連事業者の連携で、すでにリサイクルはかなり進んでいる。鉄以外の金属は、リサイクル品もバージン素材も品質が変わらず、同じ値段で取引されるため、回収し再利用する経済メリットが大きい。回収した鉄を品質の高い鋼鉄に戻すのは困難なため、安全性などの面からリサイクルした鉄を再度使う水平リサイクルは難しいが、家電や日用品など求められる品質の基準が低い製品へのリサイクル（カスケードリサイクル）が確立している。

　しかし、水平リサイクルへの挑戦も始まっている。例えば、ボルボは、エンジンやトランスミッション、ターボコンプレッサー、クラッチなどに再生部品を使用しており、2022年の使用実績は3万3000点で4800トン以上のCO_2を削減した。(注24) 再生部品を活用した場合、新規生産部品に比べて原材料の使用量は約85%少なく、必要なエネルギーも約80%削減されるという。

バッテリーの原材料であるニッケル、コバルト、リチウムなどのサーキュラー化も進んでいる。

金属に比べて、プラスチックの再利用は課題が多い(廃棄自動車の約8割は有用金属で、残りの約2割はプラスチック樹脂類だ)。廃プラスチックのリサイクル方法としては、元々の材料の性質を変えずに新たな製品の材料として再利用するマテリアルリサイクル、化学的な処理を施し他の物質に転換して再利用するケミカルリサイクル、焼却の際に発生する熱エネルギーを回収・利用するサーマルリサイクルの三つの方法がある。

廃プラスチックのマテリアルリサイクル化が課題

日本の(自動車に限らない)廃プラスチックのリサイクル割合を見ると、マテリアルリサイクルが22%、ケミカルリサイクルが3%、サーマルリサイクルが63%、未利用(単純焼却、埋め立て)が13%となっていて、サーマルリサイクルの割合が高い。だが、サーマルリサイクルは原料を燃やして熱にしてしまうため、国際的にはリサイクルとは見なされていない。サーキュラー型のビジネスモデルをつくっていくには、可能な限りリデュース(削減)、リユース(再利用)、マテリアルリサイクル・ケミカルリサイクルで回していくのが理想だ。そのうえで対処できない場合には、サーマルリサイクルを利用するという優先順位になる。

日本では「使用済自動車の再資源化等に関する法律」が２００５年より施行され、日本国内で廃棄される自動車に関してはこの法律に従ってほとんどがリサイクルされている。しかし、プラスチックについては、その大部分がサーマルリサイクル（重量ベースで20％近く含まれる）であり、これをマテリアルリサイクルにしていくこと、国外に流出した廃車をリサイクルする仕組みを構築することが、残された二つの課題だ。

廃車をリサイクルに回すのは一定程度の成果が出ているが、再生プラスチックを「利用して」自動車をつくることに関しては、自動車メーカーの多くは、品質面、コスト面から後ろ向きだったが、近年、風向きが変わりつつある。きっかけの一つになっているのが、欧州委員会が２０２３年７月に発表した使用済み車両（ＥＬＶ）から排出される廃棄物の削減に関する規制案だ。(注25) この案の中に「２０３０年までに新車生産に必要なプラスチックの25％以上で再生プラスチックを使用すること（このうち廃車由来は25％以上）」が盛り込まれている。つまり、近い将来、再生プラスチックに関して、何らかの使用義務が課される可能性が高いということだ。

これに反応するかのように、欧州の自動車メーカーは鋼材やアルミニウム、プラスチック、ガラスなどのリサイクル材の活用に力を入れ始めている。例えば、ＢＭＷでは、リサイクル材の使用比率を現状の30％から将来的には50％にするとしている。(注26) リサイクル材の比率を高めるには、設計段階からリサイクルを念頭に置いておく必要がある。例えば、自動車のフロントドア部分の内側には、スピーカーや配線があり、リサイクルの際、取り外しの手間がかかる。これらをあらかじめ取り外しやすいように設計したり、ドアの内張用パネルに使用している物質について接着剤も含めて統一したりすることで、マテリアルリサイクルがやりやすくなる。

再生プラスチックの代わりにバイオプラスチックを利用すれば、石油由来の材料を減らすことにつながる。ただし、バイオプラスチックは必ずしも生分解性ではない点に注意が必要だ。生分解性ではないバイオプラスチックは、通常のプラスチック同様に、リサイクルしていく必要がある。

どうしても回収できず廃棄されていく部品については、生分解性プラスチックやその他の自然素材の採用も考えていく必要がある。生分解性プラスチックは、非生分解物質と比べて耐久・耐水・耐熱の性能が落ちるが、高強度・高耐水性の物質開発も進められている。メルセデス・ベンツが2022年に発表したコンセプトカーは、家庭廃棄物由来の生分解性プラスチックでつくられたケーブルダクトや、鋼よりも強く生分解性のあるバイオスチール繊維でつくられたドアハンドル、リサイクル可能な竹繊維製フロアマットなどを採用している。(注27)

最後に「⑤サプライチェーン上流の水問題を解決する」に関しては、利用量削減・効率利用、排水リサイクル、雨水の有効利用などが主な施策となる。自動車の製造工程では塗装工程の水利用が約6割を占め、その削減が特に重要だ。対策としては、洗浄水の給水制御(センサー感知できめ細かく水を止める)、カスケード制御(一度使用した水を前工程で再使用)、空調を水使用量の多い蒸気式から水噴霧式に変える、などがある。また、使用した水は、徹底的にきれいにして戻すことも重要だ。

テスラでは自動車1台当たりに利用される水の量を徹底的に管理し、2022年には前年比15%減を達成している。(注28)その手法は特別なものではなく、前述の利用量削減・効率利用、排水リサイクル、雨水の有効利用を地道に進めた結果だ。こうした対策であれば、途上国に立地する工場やサプライヤーにも適用できるだろう。

このほか、森林の保全や植林も水源の維持には有効であり、地域コミュニティやそれを専門とするNPOなどの外部組織と連携し、その活動を支援するアプローチも考えられる。

以下では、サーキュラー化に関する注目すべき動きをピックアップした。施策を考える際の参考にしてほしい。

自動車業界の動き①

石油代替燃料や次世代バッテリーなど新技術の進展

ガソリンの代替燃料として合成燃料（eフューエル）の開発も注目されている。合成燃料は水素と大気中のCO_2を合成して製造される。eフューエルは既存のガソリンなどの液体燃料と互換性があり、化石燃料と同等のエネルギー密度があるので、既存のインフラが使える点で自動車メーカーにとってメリットが大きい。

資源エネルギー庁の「合成燃料の導入促進に向けた官民協議会　2023年中間とりまとめ」の資料[注29]によると、eフューエルを海外ですべて製造し輸入する場合は1リットル当たりの製造コストは約300円、原料調達から製造まですべて日本国内で行うと約700円、水素を輸入し国内で製造すると約350円と試算している。現段階ではかなり高額だが、日本政府は2030年代に導入拡大、2040年までに商用化、2050年までにガソリン価格以下というロードマップを掲げている。

また、製造時に大量のエネルギーと水を使用することも新たな採取と拡散の問題を引き起こす。製造時のエネルギーの再エネ化と水利用の効率化が課題となる。

バッテリーに関しては2023年10月、トヨタと出光興産がEV用の次世代電池として期待されている全固体電池について、量産化に向けた協議を始めたと記者発表した。(注30) 全固体電池とは、従来のバッテリーとは違って電解液がなく、正極と負極の間に固体電解質のみがある電池のこと。電解液を使わないため、安全性、信頼性に優れ、長寿命の電池といわれており、充電時間も3分の1程度で済むという。2027~28年にEVに搭載することを目標にしている。環境負荷の高いリチウムを使わない蓄電池技術の開発も進んでいる。すでに、ナトリウムイオン2次電池は量産が始まりつつあり、亜鉛や鉄を電池内キャリアとして使う技術開発も進んでいる。

バッテリーに関しては、サービス面でも新しい動きがある。中国ではBaaS(バッテリー・アズ・ア・サービス)と呼ばれる新たなEV関連サービスが盛り上がりを見せている。新興EVメーカーのNIOは、バッテリーを搭載した車のほかに、バッテリーを搭載しないEVを販売しており、自社のステーションではバッテリーの充電ではなく、充電が完了したバッテリーと交換する。(注31) これにより、充電時間が長いというEV車特有の課題を解消し、新車の販売価格もバッテリーを含まない分、抑えることができる。また、ユーザーがバッテリーの劣化を気にする必要もない。バッテリーをステーションで交換するので、古くなったバッテリーをメーカー側が回収・リサイクルしやすい利点があり、サーキュラー化の観点でも推進したい施策だ。

このほか新技術で注目すべき動きとしては、イスラエルのスタートアップNTタオが、コンテナサイズの核融合施設を開発し、EVの充電ステーションとして展開することを目指している。同社には、ホンダがCVC（コーポレートベンチャーキャピタル）を通して出資している。(注32) 出力1万～2万キロワットで、コンテナサイズなので電力インフラのないへき地でも設置しやすい。同社は米国プリンストン大学の協力やイスラエル政府からの資金援助も受けている。ホンダはCVCを通してこうした先進的なEV関連技術に出資することで、既存の事業の延長線上にはない新しい価値創造の領域を模索している。

自動車業界の動き②

売り切りモデルからの脱却

サーキュラー化において、アズ・ア・サービス型への転換は、非常に有力なソリューションになり得る。自動車業界においてもすでに、売り切りではなく、製品を貸し出し、利用してもらうことで収益を上げるサブスクリプション（月・年単位での定額払い）サービスの導入が始まっており、トヨタグループは2019年、ホンダや日産は2020年にサービスを開始した。

サブスクの場合、車の所有権はメーカー（あるいはサブスクの事業会社）にあり、消費者は車両を保有せず、サブスクとして利用するので、購入に比べると初期費用を大幅に抑えられ、車両のメンテナンスもメーカー側にすべて任せられる。また、メーカーにとっても、リサイクルを前提にサーキュラー化を図れば、売り切り型よりも製造コストを下げられる可能性がある。サブスクの場合、契約期間満了後、消費者は車両をメーカー側に返却する。これはメーカー側にとっては製品を100%回収できることを意味する。EVのバッテリーにはレアメタルが使用されており、これらを回収し、原材料として再利用する循環ができれば、レアメタルの価格高騰にあまり影響されず、原材料調達が可能になる。

これらのアズ・ア・サービス化は、自家用車の保有率減少という消費者行動の変化に対応するために進められてきた施策であり、サーキュラー化が目的ではない。また、サブスクの課題は、売り切りモデルに比べて投資回収に時間がかかることが挙げられる。トヨタグループのサービスの場合、2023年3月期の売上高は198億3300万円と前期比95・9%増と伸びているが、約39億1700万円の純損失となっている。(注33) 自動車会社がサブスクに切り替えていくためには、廃車になるまで数十年にわたってアセットを保有し続ける必要があり、その資金調達・確保が課題となる。しかし、金融機関やリース会社にとっては、これが新しい機会となるかもしれない。

EVのバッテリー部分に特化したアズ・ア・サービス化は、消費者にとっても、メーカーにとっても経済合理性がある。バッテリー価格がEV車全体の価格に占める割合は30～50%といわれている。そのため、バッテリー部分をアズ・ア・サービス化した場合、消費者は初期購入費用を大幅に削減することができる。また、メーカーにとってのメリットは、残余価値が高いニッケルやコバルトなどの金属を廃棄バッテリーから確実に回収して再利用することで、コスト低減や資源調達の安定性を確保するというメリットがある。前述のように、新興ＥＶメーカーのＮＩＯはバッテリーのアズ・ア・サービス化モデルを導入した。このサービスを使うと、車両購入者は車両価格から約１万ドルを削減できる。(注34) ２０２０年12月の新規受注におけるバッテリー・アズ・ア・サービスの利用率は40％以上に達したという。(注35)

3

食品・飲料業界

環境破壊、過剰窒素などサプライチェーン上流に課題山積

食品・飲料業界

採取と拡散フレームワーク

食品・飲料業界における採取と拡散は、農業も含めて炭素、窒素、水の組み合わせで示すことができる。

まず「炭素」から見てみよう。２０２１年英グラスゴーで開催された気候変動枠組条約締結国会議ＣＯＰ26では、世界の食料システムに由来する人為的な温室効果ガス排出量は、全排出量の約３割を占めることがあらためて指摘された。その内訳を見ると、２０１９年の食料システム由来の温

室効果ガス排出量165億トンのうち、4割超の72億トンが農業生産から、35億トンが土地利用の変化（森林破壊など）から、58億トンがサプライチェーンのプロセス（食品加工、包装、輸送、家庭での消費、廃棄物処理）から排出されている。[注36] つまり、食品・飲料業界では、サプライチェーン上流の農業で温室効果ガスの排出が多い。

農業生産関連では、窒素肥料の製造、トラクターなど農業機械の使用、土地の耕起、家畜の飼養（牛のゲップや排せつ物処理）などで、CO_2やメタンガスが放出される。また、農地を開拓するための森林伐採によってもCO_2の増加や生態系破壊が生じる。パーム油は世界で最も消費されている植物油であり、パンやインスタント麺、スナック菓子、冷凍食品などの加工食品に使われる。日本の食品表示法では植物油脂の内訳の記載が義務づけられていないため気づきにくいが、一人当たり年5・4キロも消費している計算になる。[注37] パーム油の生産はインドネシアとマレーシアが全世界の約8割を占める。両国では、パーム油生産のため、熱帯雨林の森林が伐採され、大規模なアブラヤシ（パーム油の原料）農園がつくられてきた。パーム油を原材料に使う企業は、農園開拓に伴う森林伐採や生態系破壊に間接的に加担していることになる。

CO_2とともに重要なのが「窒素」だ。窒素といわれてもピンとこない人がいるかもしれないが、すでに述べたように、人間の身体をつくる材料になるたんぱく質の主要成分は窒素で、人は食料を通じて窒素を体内に取り入れている。農業の重要な役割の一つは、たんぱく質のもとになる窒素をしっかりと地中から農作物の中に固定させ、食卓まで届けることにある。

だが、土壌中の窒素を農作物の中に固定させることは、つい100数十年前までは簡単ではなかった。植物が利用できるのは反応性窒素であり、土壌中の反応性窒素を増やすには微生物の微々たる力に頼るしかなかったからだ。しかし、1900年代初頭にハーバー・ボッシュ法が確立されると、人工的に反応性窒素をつくることができるようになり、窒素肥料が大量生産され、農地にばらまかれた。これにより、農地からの収量は大幅に増えた。しかし、反動も大きかった。実際に**農産物に吸収されるのは化学肥料の約半分**で、残留した反応性窒素が土壌劣化を引き起こした。さらに、地下水などを通じて河川や海に流れ出した反応性窒素が、生態系破壊の原因になっている。

食料確保の観点から化学肥料の使用を大幅に制限することは現実的ではない。環境面への影響と食料確保のバランスをとりながら、窒素循環のあるべき姿を考えていく必要がある。

「水」に関しても、食品加工などで工業用水（飲料水の原料、容器洗浄など）として使用するよりも、サプライチェーン上流の農業・牧畜業などで使用するほうが、圧倒的に多い。地球上にある水のうち淡水は約2・5％しかない。(注38) そのうちの約7割が農業に使われている。水の需要は2050年までに、現在よりも20～30％増加すると見込まれており、(注39) 農業における水利用の効率化が求められている。

このほか、他の製造業と同様に、食品・飲料業界もプラスチック（炭素）の採取と拡散に深く関与している。食品・飲料業界では、製品のパッケージなどに大量のプラスチックを利用しているうえ、不特定多数の消費者が購入するため、拡散の度合いが非常に大きい。前述のように、PETボトルのリサイクルはかなり進んでいるが、それ以外の食品のパッケージの回収・再利用はなかなか進んでいない。

図表5・5　食品・飲料業界の採取と拡散フレームワーク

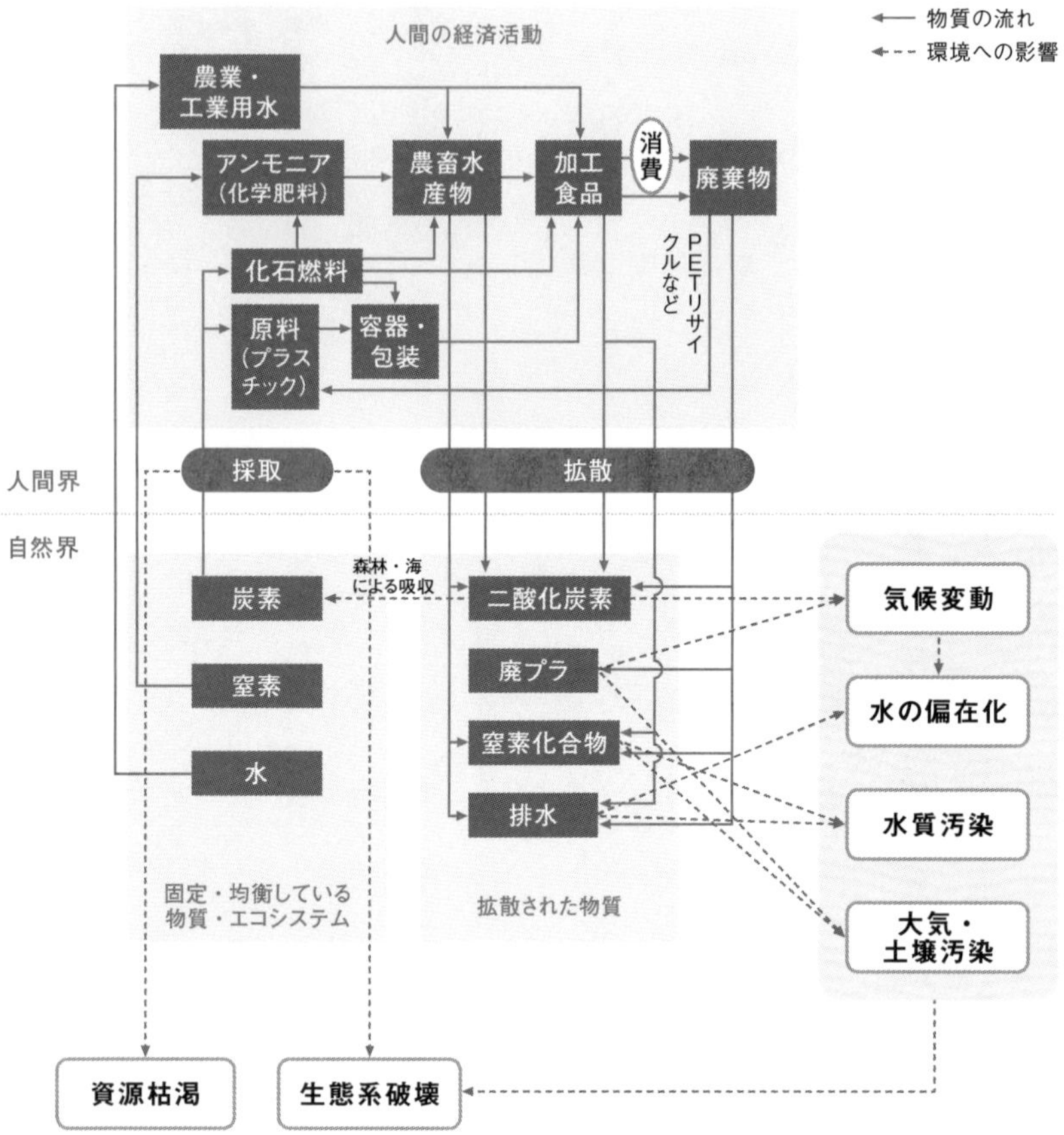

出所：PwC作成

食品・飲料業界

サーキュラーフレームワーク

では、食品・飲料業界の採取と拡散の問題を解決するためのサーキュラーフレームワークを考えてみよう。重要ポイントは、「①上流の農業において窒素肥料の利用を減らす」「②リジェネラティブ農法の導入」「③バリューチェーン全体で食品廃棄を減らす」「④食品包装に関わるプラスチック（炭素）の利用を減らす」「⑤バリューチェーン全体での化石燃料の利用を減らす」の五つだ。

①については、衛星やセンサーなどを利用して窒素肥料の散布量や散布回数を最適化する、化学肥料の代替として有機肥料などを使う、肥料の効果を促進する土壌改良材や窒素固定菌、光合成剤などを活用する、などが考えられる。

化学肥料以外にも、家畜や人間の排せつ物（下水）、作物残渣、食品残さなどから反応性窒素の拡散が起きている。農業大国であるオランダでは、農業および畜産（牛の尿）による土壌の窒素汚染が重大な環境課題となっており、ある特定の場所における窒素の流入と流出のバランスを示す窒素収支は欧州平均のほぼ2倍だ。[注40] オランダ政府は2030年までに国内の窒素排出量を5割削減したいとしているが、農家への損害が懸念されており論争になっている。[注41] 家畜の糞尿に含まれる窒素削減対策としては、窒素排せつを低減させるアミノ酸バランス飼料の活用や、徹底した排水処理などが打ち手として考えられる。また、廃棄された反応性窒素を再利用する視点も重要だ。下水道の汚泥や食品の副産物（例えば、大豆ホエイ）などから肥料をつくり出す研究が進められており、実用化されれば窒素やリン、カリウムなどの一部が循環し始める。

日本の食料自給率は38％と低く、窒素投入の70％、窒素流出の40％は海外で生じているといわれている。(注42) そのため、国内のみならず、海外での窒素投入と排出をいかに減らすことができるかが重要だ。

②は新しい解決策として大きな注目を集めている。リジェネラティブ農業は正確には定義されていないが、不耕起、カバー作物の栽培、有機肥料の利用などによって「土壌の炭素貯蓄能力」を向上させる農法のことだ。掘り起こさないため、土壌に蓄えられているCO_2の大部分が放出されずに保たれる。こうした方法によってリジェネラティブ農業によって除去できるCO_2の量は世界全体で年1・5ギガトン（CO_2換算値）にのぼるという推計値もある。(注43)

農業の水利用に関しては、少ない水で農作物を育てられる技術も広まっている。水不足に悩むインドにあるジャイン灌漑システムズは、2012年に世界銀行グループの国際金融公社（IFC）の投融資を受け、少量の水を効率的に散水する「マイクロ点滴灌漑システム」を普及させた。(注44) 新しい方法ではないが、水不足の地域では普及の余地がまだある。このほか、少ない水でも育つ作物を品種改良などで開発すれば、水使用を削減できる。

化学肥料や水使用を削減するには、不必要な食料は生産しないという意味で③も重要だ。WWFの2021年のレポートによると、現代では生産される食料の15・3％に当たる約12億トンが、農場、農場周辺、そして収穫後に失われている。食品ロスと廃棄物の総量は25億トン以上と推定され、

図表5・6　食品・飲料業界のサーキュラーフレームワーク

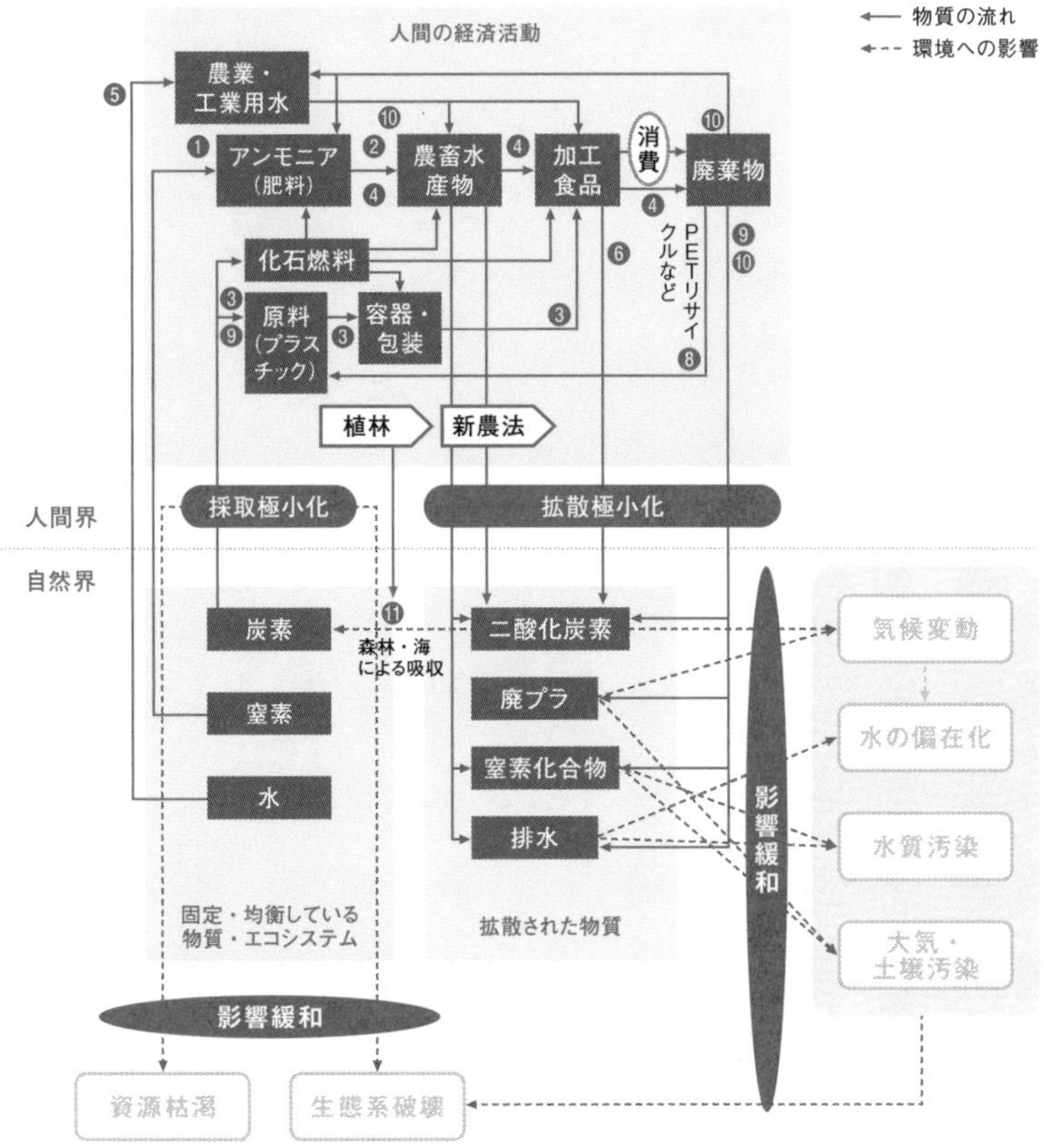

食品・飲料業界のサーキュラー化ソリューション

採取の極小化

❶代替品の使用
❷窒素利用の効率化
❸省資源設計、素材の切替
❹最終製品の供給量最適化・需要削減
❺水利用の効率化、水需要の削減

拡散の極小化

❻排出削減、炭素回収・貯留・利用（CCUS）
❼森林などの自然への吸収促進
❽リユース、再製造、リサイクル
❾生分解性素材への切替
❿削減、清浄処理・再利用（窒素化合物、水）
⓫水源の保全

出所：PwC作成

食品の全生産量の40%に近い。(注45)「見た目の悪い」規格外の作物の廃棄に加え、途上国などでは冷蔵施設などの農業インフラが未整備なため廃棄が生じている。また、加工工場では、規格に合わせた形や量に加工するために、切り落とし部分が廃棄される。こうした問題を解決するには、「見た目重視」の見直し、無駄のない加工、需要に合わせた供給量最適化、消費者の無駄買いをやめさせる啓蒙活動、廃棄食品の有効活用などが重要だ。

廃棄食品の有効活用については、食品からより価値の低い飼料へ再利用するような「ダウンサイクル」ではなく、付加価値の高い用途へのアップサイクルも検討すべきだ。捨てられたパンからビールをつくる、食品加工技術を利用して別の食べ物にする、あるいは前述のカーボテックのように農業残渣からカーボン量子ドットを取り出す、などがその例だ。

④については、食品や飲料を入れる容器の厚さを薄くする、パッケージ形状を変えることで使用する原料を減らす（省資源設計）、紙や環境負荷の低い素材に切り替える、などが、食品・飲料メーカーの設計・製造段階での策として考えられる。消費後に廃棄される容器、包装のリサイクル利用に関しては、日本ではPETボトルの回収率が86・9%と非常に高いが、使用済み食品トレーの回収率は約30%にとどまっている。容器が数種類の素材を混ぜてつくられたプラスチックだと、回収しても通常の方法（マテリアルリサイクル）ではリサイクルできない。そのため、容器については、設計・開発段階からリサイクルを考慮して、モノマテリアル化していく必要がある。素材を切り替えていく際には、バイオプラスチックに切り替えれば、プラスチック製造に必要となる化石資源の採取を減らすことができる（マイクロプラスチックの拡散を抑えるためには、さらに生分解性でなければなら

ない)。

⑤については、他のセクターと同じで、再エネやCCUSの活用、森林による吸収促進のための植林の支援などが打ち手となる。

食品・飲料業界

サーキュラー施策例

以上を踏まえて、食品・飲料産業のサーキュラー化に向けた施策について、「①上流の農業において窒素肥料の利用を減らす」「②リジェネラティブ農法の導入」「③バリューチェーン全体で食品廃棄を減らす」「④食品包装に関わるプラスチック(炭素)の利用を減らす」「⑤バリューチェーン全体での化石燃料の利用を減らす」の順で考えてみよう。

①については、化学肥料の過剰散布をやめ、反応性窒素の利用を最適化することが第一歩だ。そのために、衛星や光センサーを利用する技術開発が進んでいる。例えば、米国の衛星スタートアップのプラネットは、軌道上で200以上の衛星を運用し、毎日3億5000万平方キロメートル以上をカバーする画像を収集している。プラネットは農業用分析ツールを提供する企業にこの衛星画像を提供している。農業用分析ツールは、農家の代わりに作物の細かい変化を観察し、肥料の散布スケジュールや散布量を最適化し、農家に提示する。これにより、農家は作物ごとの窒素肥料の必要量を精密に管理し、環境への影響を最小限に抑えつつ生産効率を向上させることができる。(注46) オク

ラホマ州立大学は、窒素肥料の効率的な使用をサポートするために、光センサーを使って作物の健康状態を測定したうえで施肥の量を調整するシステムを開発中で、米国カリフォルニア州、同ネバダ州、中国、インドなどで検証を進めている。(注47)

また、肥料の効果を高める農業資材への関心も高まっている。バイオスティミュラント（直訳すると「生物刺激資材」）はその一例だ。植物は土壌や気温変化などの周辺環境（非生物的ストレス）や害虫・病気（生物学的ストレス）によって、本来持っている成長の力を存分に発揮できない。バイオスティミュラントは、より良い生理状態を植物にもたらすさまざまな物質や微生物、あるいはそれらの混在する資材で、植物へのストレスを軽減することにより、植物が本来持っている能力を引き出すと期待されている。バイオスティミュラントの効果は、あくまで肥料や農薬の効果を補助的に高めることなので、化学肥料の代替にはならないが、化学肥料の減量や有機肥料への切り替え時における活用などが期待できる。ＢＡＳＦやバイエルなどの化学メーカーに加え、味の素もバイオスティミュラントの開発に取り組んでいる。(注48)第３章で紹介したカーボテックのバイオ量子ドットも、光合成を促進することで施肥の効率を高めることができる。

畜産では、家畜の糞尿やゲップから排出される反応性窒素を減らすため、たんぱく質含有量を減量し必須アミノ酸を飼料添加物として補充したアミノ酸バランス飼料や、尿素分解酵素の活動を阻害し尿中のアンモニアの生成を抑える添加剤の開発が進められている。例えば、ドイツの化学メーカーＢＡＳＦが開発した飼料添加剤は、家畜に与えると、飼料である穀物からリン、カルシウム、アミノ酸などの栄養素を効率よく吸収できるようになり、リン酸塩や反応性窒素の排せつ量が減少する。

また、家畜の排せつ物をバイオガスプラントに供給してメタン発酵によるバイオガスを生成すると同時に、残りを農地に戻す取り組みもある。例えば、スウェーデンでは国が推進するバイオエネルギープログラムの一環として、家畜の排せつ物を利用したバイオガスプロジェクトが実施され(注49)、イタリアのピエモンテ地方では農業協同組合が中心となって家畜の排せつ物を集め、地域共同のプラントで処理してつくったバイオガスを発電に使用している(注50)。

廃棄されたり下水道に流れ出たりした反応性窒素については、リサイクルの研究や取り組みが進み始めている。例えば、下水道の汚泥や食品の副産物(大豆ホエイなど)から、窒素やリン酸が豊富な有機肥料をつくることができる。化学肥料を輸入に頼る日本では、食糧安全保障上の観点からも、国内に存在する反応性窒素を有効活用することが肝要だ。2022年9月6日に閣議決定されたバイオマス活用推進基本計画では、汚泥中の有機物をエネルギー利用や有機肥料などに活用することを促進し、2030年に発生汚泥の約85%の再利用を目指している(注51)。

②のリジェネラティブ農業は、窒素やCO_2の拡散による環境負荷を軽減する手段として、注目を集めている。従来の農法では、土壌を掘り返し、柔らかくしてから種をまいていたが、土壌にはCO_2が固定されており、掘り返すとそれが大気に放出されてしまう。つまり、耕せば耕すほど、大気中のCO_2は増えていく。

リジェネラティブ農業は、環境再生型農業とも呼ばれ、農地の土壌を健康的に保ち、修復・改善しながら自然環境の回復につなげることを目指す。土を耕さずに農作物を栽培する不耕起栽培、主作物の休閑期に土壌浸食防止や雑草の抑制などを目的に露出する地面を覆うように植物を植える被覆作物の活用、異なる作物を一定の順序で周期的に変えて栽培する輪作、合成肥料の不使用などが特徴だ。

近年、複数の大手食品・飲料メーカーが、原材料調達先である農家に対して、リジェネラティブ農業への移行と支援を始めている。例えば、ネスレは2021年から2025年の5年間で、リジェネラティブ農業に対して12億スイスフラン（13億ドル）を投資し、2025年までに主要原材料の調達量の20％を再生農業由来にし、2030年にはその比率を50％に引き上げることを目標に掲げている。実際、2022年の実績は6・8％、2023年は15・2％となっている。(注52)

2023年11月、著者はフィリピンでリジェネラティブ農業を実践している農家を見学した。化学肥料を使用する農家がある一方で、徹底して使わない有機農家もあった。化学肥料の利用を減らすとミミズや土壌中の微生物の生態系が活性化するため、不耕起であっても土地が柔らかく、しっかりと根が張る。不耕起にして化学肥料をやめると一時的に生産量が落ちることが多いが、その土地に合った被覆植物の組み合わせを見つけ、根気強く実践していけば、時間とともにミミズなどが増え、徐々に土壌が豊かになり、収量も回復していく。農家は一時的な生産量の減少さえ乗り切れば、掘り起こしのためのトラクターの燃料費や化学肥料購入などのコストを削減できるメリットもある。

食品・飲料メーカーにとって、リジェネラティブ農業には二つのドライバーがある。一つ目は、食品・飲料バリューチェーンにおけるCO_2の大部分は上流の農業で発生しており、バリューチェーン全体でネットゼロを目指すためには、農業による排出を何としても減らさなければならない。その打ち手として、リジェネラティブ農業が有望視されている。二つ目は、長期間にわたる単一作物の栽培、不適切な農地管理、過剰な肥料や農薬の使用による土壌疲弊による収量減、さらには気候変動によって、農業の持続可能性が危ぶまれている。食品・飲料メーカーはリジェネラティブ農業を推進することでそのリスクを乗り越え、中長期的な原材料確保につなげようとしている。リジェネラティブ農業を推進しているペプシコ、パタゴニアなどの事例は、『2030年のSX戦略』に詳しく取り上げているので参考にしてほしい。(注53) また、サントリーグループは2022年より、リジェネラティブ農業によって生産された大麦の調達に向けた取り組みを始めており、(注54) それに続く日本企業のこの分野での活動が活発化しつつある。

③については、「食品損失と廃棄に関する測定・報告に関する基準（FLWスタンダード）」をG7各国が批准したのを皮切りに、英国では、「食糧廃棄物削減ロードマップイニシアチブ」が立ち上がり、2030年までに国内の食品廃棄を半減させることを目指している。このイニシアチブには、ネスレ、ユニリーバなどの食品関連企業やテスコ、セインズベリーズなどの小売企業などが参加している。(注55)

見た目が悪かったり、規格外の食品を、「フードロス削減」とうたって消費者の購買を促したりする運動やキャンペーンは、近年、日本でも増えてきている。生産した食品をできる限り消費することに加えて、今後、さらに力を注ぐべきは、必要以上に生産しないことだ。つまり、AI（人工知能）を活用した精度の高い需要予測に基づく供給量の最適化により、必要なものだけ生産する体制をつくることだ。

例えば、スターバックスは2019年に独自開発したAIプラットフォームを、店舗の在庫管理や注文の自動化、労働力の最適化、需要予測、出店候補地の市場分析などに活用している。顧客の注文データなどから行動や好みを分析し、パーソナライズされたサービスを提供することで、顧客体験の質を上げ、売り上げの拡大につなげる狙いがある。(注56) また、店頭のエスプレッソマシンはAIプラットフォームに接続されている。稼働状況などを常時モニタリングし、異常をいち早く発見して、故障する前にメンテナンスを手配できるようにしている。(注57) この試みは、自社内での在庫や機器管理の最適化を目指すものであるが、需要予測が徐々に精度を増し、サプライチェーン全体での最適化が行われていくことが期待される。

④については、前述のように、食品企業は、容器を薄くしたり、容器の形を変えたりして、プラスチック使用量を減らしてきた。だが、この方法で削減できるプラスチック量には限界がある。さらに、プラスチック(炭素)の採取・拡散の減量を進めていくには、使用済みのプラスチックを再利用するか、紙や生分解性プラスチックに置き換えていく必要がある。

PETボトルは外見から一目瞭然だが、例えば惣菜などを小分けにして入れる透明のプラスチック容器は、PETなのか、ポリプロピレンか、ポリスチレンなのか、消費者にはなかなか区別がつかないため(容器の底の刻印を見ればわかるのだが、知らない人が多い)、分別回収がネックになっている。日本では、「特定容器包装廃棄物の再資源化の促進等に関する法律」が1995年に制定され、分別は消費者の義務とされたうえで、リサイクル費用は事業者が負担することが定められている。消

費者が比較的判別しやすい白色発泡トレーは、製造大手のエフピコの取り組みにより回収・再生利用が進んでいる。[注58]

また、レトルト食品の包装や、マヨネーズの容器など、単一素材でないため、回収できたとしても、マテリアルリサイクルが困難なものも多い。さらに、マテリアルリサイクルの際には、不純物が混じり、品質が劣化することが多い。食品包装用プラスチックは最も高い安全性が求められるため、食品包装用に再度利用できる品質を担保することも難しい。そのため、欧州メーカーを中心に、現在では、食品用包装からシャンプーボトルなどにリサイクルされることが多い。

ネスレは、2025年までに自社製品の容器や包装材を100%リサイクル可能またはリユース可能にし、バージンプラスチックの使用を3分の1に削減することをコミットしている。その実現に向けて、ネスレ・フィリピンでは複数のNGOと連携し、「ネスレの包装容器をきれいに洗ってください」とテレビCMでキャンペーンを打ち、ごみ収集車でプラスチックごみを回収している。活動にはコストがかかるが、著者の取材によると、ネスレには、長年の活動によって蓄積されたプラスチックリサイクルに関するグローバル・コスト・ベンチマークが存在し、それに基づいてコストをコントロールしている。回収した容器は、地場のリサイクル業者がメカニカルリサイクルした後、シャンプーボトルなどに再生される。ネスレ・フィリピンでは2020年8月、販売した製品と同量以上のプラスチックを回収する「プラスチック・ニュートラル」を達成したと宣言した。[注59]

インドネシア味の素は2022年12月からインドネシアのスラバヤ市で、現地のスタートアップ企業レコシステムとの協働により食品容器や包装のリサイクルを進めている。スラバヤ市の協力のもと、レコシステムが運営する「ごみ回収ステーション」を市場に設置し、ごみを持ち込んだ住民に対して、内容に応じてポイントを付与している。(注60)ポイントは電子マネーに交換可能だ。また、他の企業がこのプロジェクトに協賛しプラスチッククレジットを購入すれば、プラスチックごみを回収した権利を得られるようにしている。このように、プラスチック排出を自社だけでなく地域の問題として捉えて施策を考えていくことも重要だ。

使用済みプラスチックの全量回収は不可能なので、廃棄による環境負荷が低い生分解性の容器包装の採用も検討課題となる。十分な生分解性を有するだけでなく、植物などのバイオマス由来でCO_2削減にも寄与する、容器包装として加工性が高い、低コスト、などの要素がそろっていることが理想だが、現段階ではコストの問題が立ちはだかる。

こうした課題の解決にチャレンジしているのが、シンガポールの投資会社で環境問題の解決に取り組むサーキュレート・キャピタルだ。運用資産は2億4500万ドル、4年間で14件に投資し、140万トンの廃棄物削減に貢献した。(注61)ペプシコ、ユニリーバなど、プラスチック問題に課題を抱える大手食品・飲料メーカーなどが、同社に資金を拠出している。食品包装に求められる機能性、安全性、そして環境負荷低減を実現しようと思うと、例えば、高温にしても変質しないが、一定の温度で分解できるなどの新しいバイオ由来の素材開発が必要となる。投資先には、こうした新しい素材を開発するベンチャーが含まれる。

例えば、世界初の再生可能で高性能、完全な生分解性を持つ植物と藻類からつくられた堆肥化可能なバイオパルプを製造する米国のスタートアップのアルジェネシスや、バイオベースの相変化材料（特定の温度で溶けたり固まったりする高融点材料。材料の状態変化により熱エネルギーの吸収・放出が可能な材料）を製造するフェーズ・チェンジソリューションなどがある。こうした新素材が開発されることによって、さまざまな機能性と安全性が求められる食品包装の環境負荷軽減が実現できる可能性がある。使用済み製品の回収・リサイクルを足元で続けながらも、同時に、未来に向けた新技術に投資していくことも重要だ。

4

化学業界

サーキュラー化の「縁の下の力持ち」になれるか？

化学産業は、自動車、エレクトロニクス、日用品、アパレルなどのメーカーのニーズに合わせて、素材や部品を中心に提供している。つまり、化学業界は、製造業のサーキュラー化を支える産業だといえる。本章ではここまで、エネルギー産業、自動車産業、食品・飲料産業の採取と拡散フレームワーク、サーキュラーフレームワーク、サーキュラー化に向けた施策をそれぞれ見てきたが、化学産業に関しては、「①自社の採取と拡散を最小化する」だけでなく、「②バリューチェーンを超えて素材回収・再利用の仕組みをつくる」「③既存素材を再利用しやすい素材、もしくは生分解性素材に変えていく」「④顧客企業のサーキュラー化を後押しする新素材の開発・提供」などの施策が必要だ。この四つの側面から、化学産業がサーキュラー化で進むべき道を見ていく。

化学業界のサーキュラー化施策

①自社の採取と拡散を最小化する

他産業のサーキュラー化をサポートするのも大事だが、それと並行して、自社の採取と拡散の最小化にも取り組む必要があるのは言うまでもない。実は、化学メーカーが自社のCO_2排出や水使用量の削減を進めていくことは、下流の納品先であるメーカーにとっても、サプライチェーン全体の環境負荷を下げることにつながるため恩恵となる。つまり、自社の採取と拡散の最小化は、化学メーカーにとって付加価値になるわけだ。

例えば、接着剤、肥料、合成樹脂、合成繊維などの原料であるメタノールは、現状では約70％が天然ガスから生産されている。これを脱炭素化すれば、メタノールを原料として利用している企業にとっても、サプライチェーンのCO_2削減につながる。実際、第3章でも紹介したが、世界最大手の海運会社マースクは、脱炭素化に向けて、グリーンメタノール船に大規模投資を行っている。世界のグリーンメタノール市場規模は2022年に2億1000万ドル、2031年には21億6200万ドルに達すると予測される。(注62)こうした需要増を見込んで、ベルギーのノースシーポート(北海港)では、スイスの大手化学メーカーであるプロマンを含む10社の官民パートナーによって2020年より、グリーンメタノール製造に向けた取り組みが進められている。地元の鉄鋼業社などから排出されるCO$_2$と、風力発電で製造されたグリーン水素を利用し、プロマンがグリーンメタノールを製造する。(注63)プロマンは世界最大のメタノール製造化学メーカーだが、従来の天然ガス由来のメタノールから、採取と拡散を最小化したグリーンメタノールに早期に舵を切ろうとしている。

自社の採取と拡散の最小化については、自動車産業や食品・飲料産業などと共通する部分もあるのでそちらも参照してほしい。

化学業界のサーキュラー化施策

②バリューチェーンを超えて素材回収・再利用の仕組みをつくる
③既存素材を再利用しやすい素材、もしくは生分解性素材に変えていく

②と③については、合わせて考えてみよう。化学メーカーが製造する素材は、種類も利用方法も千差万別であり、しかも最終製品の一部分に複数の素材とともに複合的に使用されるケースがほとんどであるため、回収、分別、再利用のハードルは高い。また、回収しやすくても再利用しにくい素材もある。最終製品の回収難易度と、回収した素材の再利用の難易度から、図表5・7のように四つに分類できる。

「❶回収も再利用もしやすい素材」は、バリューチェーンを超えて素材を回収し、再利用する仕組みをつくることを検討しやすい。これに該当するのは、最終商品が単一素材でつくられ、B2Bで

図表5・7　回収・再利用の難易度による素材分類

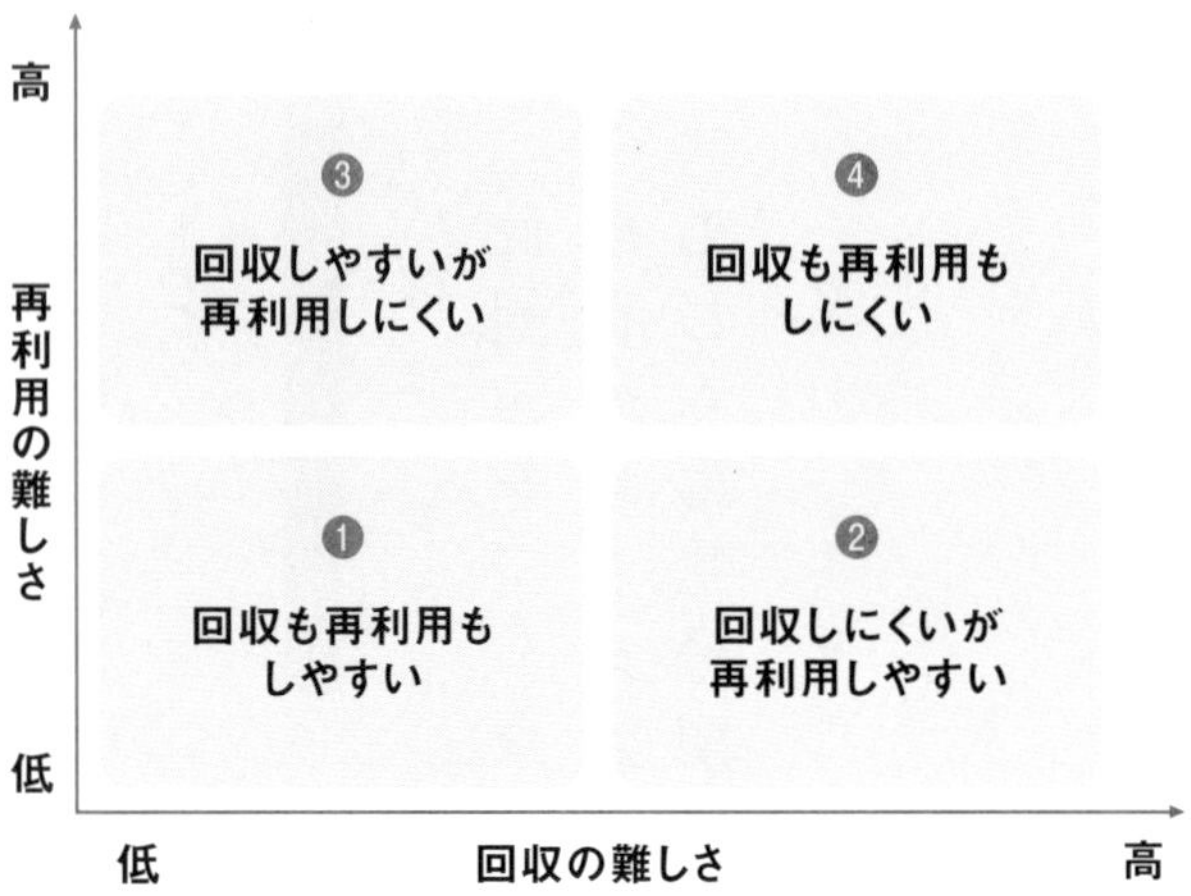

出所：PwC作成

同じ製品が大量に販売される製品などだ。例えば、ポリエステルのみでつくられた工場従事者向けの作業服や制服、警察官向けのアラミド繊維製防弾チョッキだ。これらの製品は、企業や官庁がある程度の規模で一括して購入するため、彼らと協力することで比較的容易に回収できる。また、単一素材でできているのでマテリアルリサイクルが可能だ。ただし、不特定多数に販売されている製品に比べると、スケールの面でやや見劣りするかもしれない。

　このケースでは、難易度は上がるが、素材メーカーが所有権を手放すことなく、最終製品をつくるメーカーや消費者に使用させる「素材のアズ・ア・サービス化」という方法も考えられる。特に、素材≒最終商品の場合、素材メーカーが最終製品のメーカーと組むことで実現可能性がある。顧客に所有権を渡さず利用してもらうことで収益を上げるアズ・ア・サービス化のビジネスモデルでは、利用が終了すれば製品は事業者に変換されるため、リサイクルを含めたサーキュラー化を構想しやすい。

次に、「❷回収しにくいが再利用しやすい素材」に該当するのは、ポリエチレン製のレジ袋や、発泡スチロール（ポリスチレン）製の食品トレーなどだ。これらの製品は不特定多数の消費者に利用された後、廃棄されるため、回収が困難なのがネックだ。しかし、単一素材でできているので、回収さえできればリサイクルや再利用は比較的容易だ。サーキュラー化するために、回収する方法を何とか見いだすしかない。PETボトルのような回収の仕組みが構築できれば理想的だが、例えば食品トレーの場合、用途（耐熱、耐寒、耐油、強度など）によってさまざまな素材が使われているため、PETボトルと違って消費者が素材の違いを判別するのが非常に難しく、回収率を高めるのには限度がありそうだ。

食品トレー製造大手のエフピコは、大手スーパーマーケットなどの店頭約1万680拠点に設置された回収ボックスから使用済みトレー、透明容器、PETボトルを回収し、自社のリサイクル工場でマテリアルリサイクルしている。同社は、自社の食品トレーや透明容器を小売店に納入する包材問屋に協力を依頼し、納品の帰りの便で使用済みトレーを引き取ってもらっている。回収率は約30％であり、回収した使用済みトレーやPETボトルは原料に戻し、再び食品トレーや透明容器に生まれ変わらせる。(注64) 回収難易度が高い素材に対して、取引先との協業や輸送費削減などの工夫で乗り越えている事例といえる。回収率が約30％にとどまっている要因としては、消費者が使用済みトレーを持参するという無償の努力をベースにしているためだと推察される。

回収難易度が高い素材に関しては、紙や竹などの自然素材や、生分解性プラスチックへの切り替えなども選択肢となる。オーストラリアのスタートアップ、キャッサバ・バッグズ・オーストラリアは、2022年に強力で頑丈だがわずか3分でお湯に溶け（海中では数日で溶ける）、海洋生物が摂取しても安全で、有害物質を残すことなく土の中で分解されるプラスチックフリーのレジ袋を開発した。(注65) 100%無害、ポリ乳酸（PLA）フリー、ビスフェノール（BPA）フリー。原料には、石油や環境負荷の大きいパーム油は使わず、キャッサバの根からでんぷんを抽出し、有機材料とブレンドして生分解性フィルムをつくった。❷のタイプでは、「生分解性素材の開発」と「回収・再利用」という二つのアプローチの併用が有効だ。

「❸回収しやすいが再利用しにくい素材」に該当するのは、単一素材でできていない素材（複合素材）や、さまざまな素材が頑強な接着剤で張り付けられているプラスチック樹脂の部品などだ。例えば、風車の羽に使われているガラス繊維強化プラスチックは、軽くて耐久性が必要な風車の羽にはぴったりの素材だ。しかも、風車を所有する電力会社の数は限られており、場所も固定されているため、回収は比較的容易だ。しかし、ガラス繊維をプラスチック樹脂で強化した複合素材であるため、回収しても再生することが難しい。現在は、粉砕してアスファルトに混ぜ込むなどの機械的リサイクルが主流だ。高温で樹脂成分を分解し、ガラス繊維を回収する方法や、化学薬品を使ってガラス繊維と樹脂を分離する方法などが存在するが、コスト高であり実用化には至っていない。また、分解のためのエネルギーが必要なため環境負荷が低いとは言えない。リサイクルの方法を追及するのも一つの方向性だが、このタイプは、再利用しやすい素材に置き換えるか、生分解性素材に変えていくほうがよい。

例えば、自動車や電子機器などは、複合素材や、素材と素材を貼り合わせたパーツを多用しているため、回収後、素材ごとに分別するのに骨が折れる。日本では、こうした機器は、産廃業者によって大型シュレッダーにかけられた後、何度かふるいにかけられ、紙や木材、プラスチックは固められて代替石炭燃料となり、金属は、鉄、金、銅、アルミが取り出され、使用済みバッテリーからはブラックマス（ニッケル、コバルト、マンガンなどの混合物）が回収され、再び精錬所に運ばれ原料として再生される。

鉄以外のリサイクル金属は、バージン材と同じ価値を有するのでリサイクルへのニーズが高い。鉄も価値は下がるが、リサイクル鉄の市場が確立している。しかし、❸に該当するプラスチック素材の大部分は焼却され、その熱が利用されるだけだ。こうした熱利用は日本ではサーマルリサイクルと呼ばれているが、前述のように、世界では焼却時の熱利用はリサイクルと見なされていない。

回収できても回収できなくても、複合素材のリサイクルは困難であり、回収しやすい素材に関しては、モノマテリアル化を進めることが一案だ。しかし、電子機器や自動車は構造が複雑であるため、モノマテリアル化を進めるのは容易なことではない。最終製品のメーカーが、化学メーカーの助言を得ながら、設計・開発段階からモノマテリアル化を目指す必要がある。

「❹回収も再利用も難しい素材」に該当するのは、多層構造や多層フィルムでつくられた食品容器などだ。マヨネーズのプラスチックボトルは、品質保持と容器の強度を保つため2～8層の多層構造になっている。レトルト食品のパウチ包装も耐熱性や、酸素や水蒸気を遮断するバリア性、強度、密封性などを維持するために、アルミニウム、ポリエステル、ポリプロピレンなどの多層フィルムでつくられている。多層フィルムなどの軟包装は、それぞれ役割を持った複数の素材を組み合わせることで1枚のフィルムにバリア性などの機能を付与し、内容物の保存性を高めているが、リサイクル時には素材ごとに分離する必要があるため難易度が高い。

しかも、これらが使われている食品は、不特定多数の個人消費者によって使用された後、廃棄されるため、回収は著しく難しい。回収できたとしても、多層構造の容器のリサイクルは困難であり、大部分がリサイクルされずに廃棄（焼却や埋め立て）されている。

ソリューションとしては、食品業界などを中心に業界全体でモノマテリアル化を推進していく一方で、埋立処分をしても分解されて自然に戻るように素材を生分解性に切り替えていくことなどが考えられる。

業界全体でのモノマテリアル化に関連する事例としては、180の企業や組織が加入する欧州のコンソーシアム「フレキシブルパッケージングのための循環経済（CEFLEX）」が挙げられる。同コンソーシアムは、複数の素材からなるフレキシブルパッケージング（フィルム、箔、紙などの柔軟な素材でつくられた容器）を単一素材（モノマテリアル）で再設計することを目指している。

こうしたモノマテリアル化への要請を受けて、化学メーカーの動きも活発化している。スイスの包装機器メーカーのボブストは、化学メーカーのサンケミカルやダウ・パッケージング・アンド・スペシャルティプラスチックなどとともにワンバリア（oneBarrier）と呼ぶプロジェクトを立ち上げ、高機能かつリサイクルしやすいモノマテリアル素材の開発を進めている。(注66)また、米国のプラスチック包装製品の製造大手ベリー・グローバルは2022年、フィルム製造・加工メーカーのプリントパックと共同で、リサイクル可能なポリエチレンパウチを開発した。(注67)

このような取り組みが進んでいくと、徐々に図表5・7の右上の「❹回収も再利用もしにくい素材」が右下の「❷回収しにくいが再利用しやすい素材」に移行していき、「回収の仕組み」を考えれば再生できるようになる。

化学業界のサーキュラー化施策

④顧客企業のサーキュラー化を後押しする新素材の開発・提供

前章までに、エネルギー業界、製造業界（自動車業界）、食品・飲料業界がどのように「採取と拡散」を減らし、サーキュラー化を進めていくべきか、その方向性と具体的な施策について事例を交えて概観してきた。こうした業界の企業のほとんどは化学メーカーの顧客であり、化学業界は新しい素材を開発することで産業界を後押しすることができる。

例えば、エネルギー業界において、グリーン水素の活用は今後の大きな課題だ。水素をつくるには、水に電気を流し、電気分解して水素と酸素に分離する水電解が一般的だ。水電解にはいくつかの方式（アルカリ水電解型、プロトン交換膜型、アニオン交換膜型）があるが、その装置にはいずれも隔膜（電解質膜）が使われており、その性能によって水素の生産性や製造時のエネルギー効率が変わってくる。電解膜の高性能化には、化学メーカーの素材開発技術が不可欠だ。東レの炭化水素系（ＨＣ）

電解質膜[注68]や、旭化成のイオン交換膜[注69]、米国化学メーカーのケマーズが開発したフッ素系高分子膜[注70]など、各企業が高性能電解膜の開発に力を入れている。

化学メーカー各社は新たな素材開発や基礎技術開発に取り組んでいるが、通常、最終的な事業化・商品化は顧客である最終製品メーカーなど「他者主導」で進むことが多い。ある程度は仕方ないことかもしれないが、日本企業の特徴として、顧客のニーズを待つ姿勢が強い。

アップルは、単独ではすでにカーボンニュートラルを達成しており、2030年までにサプライチェーン全体と全製品を100%カーボンニュートラルにすることを目標に掲げ、動き出している。[注71]この目標が意味するのは、脱炭素化の方針についていけないサプライヤーは脱落し、アップルと取引したいなら否が応でも脱炭素化、サーキュラー化に方向転換を図らなければならないということだ。著者は2021年の『SXの時代』でこの動きを取り上げ、日本企業に警鐘を鳴らしたが、多くの日本企業は当時、この動きを他人事と考えていた。その後、「アップル・ショック」が徐々に日本のサプライヤーに広がり、アップルの要請に対する対策は進みつつある。

同じ轍を踏まないため、読者にはぜひ、取引先の企業の要請を受けてから動くのではなく、取引先の企業の動きや世の中の動向を先読みし、自分たちがイニシアチブを取って次の一手を考えてほしい。著者が特に化学産業に期待しているのは、「窒素の循環を取り戻す」ことと「サプライチェーンのリジェネラティブ化」への貢献だ。

すでに述べたように、化学肥料の使用などで地球上に反応性窒素が過剰になり、生態系に深刻な影響が出始めている。その一方で、世界の人口はしばらく増え続けるため、化学肥料を劇的に減らすことは、食料確保の観点から非現実的だ（人間のウェルビーイングを損なうことになりかねない）。こうした難題に対して、新しい技術でソリューションを提供できる有力候補が、化学業界だと著者は考える。本書でも、肥料の効果をアップさせるバイオスティミュラントや、光合成の効率を高めるバイオ量子ドットなどの新技術を紹介した。

また、化学産業がつくり出すさまざまな素材（第3章で紹介した量子ドットや白色顔料）は、複数の産業をまたがって幅広く使われる。だからこそ、こうした重要素材をリジェネラティブな新素材に置き換えることができれば、産業界への波及効果も大きい。産業界のサーキュラー化のリード役は化学メーカーだという自負をもって、窒素循環やサプライチェーンのリジェネラティブ化という難題に先頭を切って挑んでほしい。

第6章

先進企業経営者に聞く サーキュラー経営への道

過去の教訓生かし、繊維製品のサーキュラー化に再チャレンジ

——内川哲茂氏（帝人社長兼CEO）

帝人は、30年以上前からポリエステルのケミカルリサイクルに取り組むなど、「地球の健康」をケアする活動に力を入れてきた。アラミド繊維や炭素繊維などのグローバルサプライヤーとなった同社は今、サーキュラーエコノミーの実現に向けた循環型バリューチェーンの構築を目指している。

Q サーキュラーエコノミーを経営のなかでどのように位置づけていますか？

化学メーカーとして二酸化炭素の排出は大きな問題なので、当初はカーボンニュートラルを真ん中に据え、それにサーキュラー経営が役に立つだろうという考え方でした。けれども、今、問題になっているのはカーボンだけではありません。本書で詳しく説明されているように、「採取」と「拡散」という目で見ると、反応性窒素の問題もあれば、金属の問題もあります。現在起きているすべての環境問題は、結局のところ、人間が自然界から大量に採取をし、それらを消費した後、大量に

放出（拡散）したことによって引き起こされている。それに気づいたので、会社の中でも重み付けを変えました。会社のアクティビティとしてはまだ小さいですが、地球に対する負荷全般を見るような形で今は議論するようにしています。現在は、サステナビリティに関するマテリアリティ（重要課題）を五つ掲げており、その一つに「サーキュラーエコノミーの実現」を位置づけています。

実は、帝人は、30年ぐらい前からサーキュラーエコノミーに取り組んでいます。当時は、ポリエステル繊維の世界シェアで日本企業がトップを占めていた時代で、今ほど製造者責任やサステナビリティの重要性が叫ばれてはいませんでしたが、先輩方は先の先を見越して研究されていたんです。

Q どんなことを研究されていたのですか？

そのころすでにPETボトル向けの樹脂を製造・販売していたのですが、その樹脂には微量の重金属が含まれていて、研究員たちは「もしかしたら自分たちが世界中に毒をまき散らしているかもしれない」と懸念し、重金属フリーのポリエステルの開発やポリエステルのケミカルリサイクルの研究を始めました。すごいことだと思うのですが、そこまでなら、ケミカルメーカーならあり得る話です。ところが、それと並行して土壌から重金属などを取り除く土壌浄化の研究にも取り組み、その後、パイロットスケールですが事業として始めていたんですよ。

Q 技術者たちには、世界のリーディング・ファイバーカンパニーであるという自負が、あっ

たのでしょうね。

後から見返すと、社会に対する自分たちの影響度を先駆的に取り上げて課題解決されていたんだなと感銘するとともに、その精神を受け継がないといけないと思っています。

このようにＰＥＴボトルや衣服のケミカルリサイクルは30年以上前から取り組んでいて、実は何回も工場をつくっては閉じてというのを繰り返しています。

わかりやすい例で言いますと、２００８年から全国の学校を対象に始めた体操服のリサイクル活動「体操服！　いってらっしゃい、おかえりなさいプロジェクト」があります。これは旭化成アドバンスとの共同事業で、この活動に賛同した学校には、帝人フロンティアもしくは旭化成アドバンスのリサイクル可能なポリエステル繊維を使用した体操服を採用していただきます。使用後に不要となった体操服を学校側の協力を得て回収し、帝人グループが展開するポリエステル繊維の循環型リサイクルシステム「エコサークル」を活用して、石油から製造するものと同等の品質のポリエステル繊維に再生します。１５０校以上の小中学校に参加していただいていました。

Q　体操服のサーキュラー化を実現したわけですね。

学校の体操服だけでなく、工場などの制服でも同じ仕組みでサーキュラー化を実現できます。「エコサークル」は２００２年に帝人グループが世界で初めて開発した、ポリエステルのケミカルリサイクル技術を核とした循環型リサイクルシステムです。化学的に分子レベルまで分解し、石油から製造するものと同等の品質の製品に再生できるため、それまでのリサイクルの課題だった品質劣化を回避でき、何度でも繰り返しリサイクルできるため、石油資源の使用を抑え、廃棄物を削減することができます。

この活動に賛同していただいた国内外アパレルメーカーやスポーツメーカー160社以上と共同で、商品の開発およびその回収・リサイクルを進めていましたが、2018年にやむなく中止せざるを得なくなりました。私たちは、回収した繊維製品を日本国内で産業廃棄物処理し、リサイクル原料として中国へ輸出し、中国のグループ協力工場でポリエステル原料化や再生糸の製造を行ってきたのですが、この年に中国政府が廃棄物の輸入を禁止すると発表したため、活動の継続が困難になってしまいました。

当時はバージン原料のものも含め、生産拠点をアジアに出さざるを得ない状況だったのですが、結局はそれがあだとなってしまい、大変残念に思っています。

Q 回収量のボリュームもあり、現在まで続いていたら十分にペイするビジネスになった可能性がありますね。

こうしたことに再チャレンジしていくことも、「サーキュラーエコノミーの実現」の柱の一つだと思っています。

リスタートに当たっては、今までは、ポリエステル100%の製品をつくってそれだけをリサイクルしていましたが、これからは、さまざまな素材が含まれている製品を回収・分別し、他の繊維企業にも参画していただいて、素材ごとにそれを得意とする企業にリサイクルしてもらえないかと考えています。つまり、繊維業界の水平連携によるサーキュラーエコノミーの実現です。弊社単独で行うのではなくいろいろな会社の力を結集すれば、回収ルートやリサイクル技術においても、発揮できる力が格段に大きくなります。

Q

本書でも紹介したように、自動車関連ではEVバッテリーのアズ・ア・サービスを始めた会社がありますし、タイヤに関しても、運輸事業者向けにアズ・ア・サービスが浸透しつつあります。アズ・ア・サービスは、サーキュラーと相性がすごくいいので、使用者へのサービスを手厚くして対価を受け取るビジネスモデルを描きやすく、使用後の製品も確実に回収できるのでループを閉じやすい。バッテリーにもタイヤにも、取り外し（交換）しやすい、メンテナンスが必要、リサイクルが課題、という共通点があります。

その視点で自動車関連を見ると、当社に関連するものとしては、例えば、燃料電池車（FCV）の燃料タンクなどがあります。あくまでも仮の話ですが、FCVの燃料タンクのサーキュラー化を実現しようと思ったら、燃料タンクの規格が統一され、どの自動車メーカーも同一の炭素繊維が使用されたタンクを採用する、回収に関しても自動車リサイクル法のなかでタンクの回収を義務化するなど、リサイクルのしやすさを考慮した仕組みがないと難しいと思います。炭素繊維は金属類のように溶かしてピュアなものに一度戻せば品質が保証できるというものではありません。そこが技術的なハードルです。

素材メーカーが1社でできることには限界があります。私たちも技術開発などで汗をかくことには労を惜しみませんが、制度設計や回収の仕組みづくりなどを含めてサーキュラー化を主導するのは、最終製品メーカーなどバリューチェーンや商流をつくっていく企業であり、私たちはそれに協力する形になると思います。

内川哲茂氏（うちかわ・あきもと）

帝人社長兼CEO。1990年信州大学大学院修了、帝人に入社。繊維研究所、繊維事業本部繊維技術開発部門加工技術第2部などを経て、2003年にオランダのテイジン・トワロンBVに出向。14年高機能繊維事業本部生産・研究開発部門長、21年6月取締役常務執行役員マテリアル事業統轄、22年4月より現職。

最先端のソリューションでアジアや世界の脱炭素化に挑む

——可児行夫氏（ＪＥＲＡ会長グローバルＣＥＯ）

国内発電最大手のＪＥＲＡは、洋上風力などの再エネ発電やアンモニア・水素を燃料とするＣＯ$_2$排出を抑えた火力発電などを組み合わせた独自のアプローチで、発電事業だけでなく、社会全体の脱炭素化に挑もうとしている。しかも、日本だけでなく、アジアや世界の脱炭素化を視野に入れているという。

Q　日本の発電最大手のＪＥＲＡが、サステナビリティに果たす責任や役割は非常に大きいと思います。今後、ＪＥＲＡは何を目指そうとしているのでしょうか？

ＪＥＲＡは２０１９年4月、東京電力と中部電力の火力発電事業などを完全統合しました。その際にこの会社は何のためにあるのか、つまり、会社のミッションについて徹底的に考え、「世界のエネルギー問題に最先端のソリューションを提供する」という現在のミッションができあがりました。

このミッションは二つのパーツからなっています。一つ目のパーツは「世界のエネルギー問題」。実は、この定義が非常に大事なんです。

CO_2削減は不可欠だし、気候変動も待ったなしの状況にある。世界のエネルギー問題を考えるときにサステナビリティは非常に大事ですが、一方で、ロシアによるウクライナ侵攻の後に多くの人が実感したように、エネルギー価格の高騰や、地政学的な理由によるエネルギー供給の不安定化に直面すると、日常生活や経済が大きな打撃を受けます。エネルギー企業は毎日、24時間、途切れることなく、電力やガスをきちんとお客さまに届けなければならない。サステナビリティはもちろん重要ですが、アフォーダビリティ（手ごろな価格）とスタビリティ（供給の安定性）も同時に達成することが欠かせないんです。

ミッションの二つ目のパーツは「最先端のソリューションを提供する」。水素やアンモニア、洋上風力発電、ＣＣＳ（CO_2の回収・貯留）などを含めて最先端のソリューションを取りそろえ、お客さまのニーズに合わせて提供することを示していますが、重要なのはそれをどうやって進めていくかです。

実はＪＥＲＡが日本で最初に「２０５０年CO_2排出ゼロ」を宣言しました。また、２０５０年は少し先なので、現在との中間ぐらいにある２０３５年のビジョンも出しており、この段階では、再エネと火力発電の脱炭素化を組み合わせて進めていくとしています。なぜそうしたかというと、再エネだけでは、スタビリティやアフォーダビリティが満たされないからです。

風力発電や太陽光発電には間欠性の問題がついて回ります。つまり、陽が照らなかったり、風が吹かなかったりすれば、当然、発電しない。そういう不安定性を補完するのが火力発電です。そして、補完の役割を果たす火力発電についても2035年までに脱炭素化のめどをつけます。

Q 火力発電をどうやって脱炭素化していくのですか。

LNG、再エネ、水素・アンモニアという三つの投資領域で、先ほどのサステナビリティ、アフォーダビリティ、スタビリティという三つの課題を同時に解決しながら、火力発電の脱炭素化を図っていきます。

水素・アンモニアというのは、脱炭素化のソリューションを象徴的に言っているわけですが、手始めに石炭火力の燃料の一部をアンモニアに転換し、その比率を徐々に上げていき、最後には石炭を全部追い出してアンモニア専焼を実現し、完全に脱炭素化していきます。

こうした取り組みを通じて、天然ガス火力に水素を入れる道が開けます。なぜならば、アンモニアには水素キャリアの側面があるからです。水素は気体のままだと貯蔵や運搬の効率が悪いですが、アンモニアは液化でき、大量に運びやすく、水素に戻すのも容易です。天然ガス火力についても、水素への一部転換、最終的には専焼することで脱炭素化が可能です。

Q 水素やアンモニアに関しては、製造時のCO_2排出が課題ですね。

アンモニアや水素には、ブルー、グリーンと称される種別があります。ブルーは、天然ガスから水素を取り出し、その際に発生するＣＯ$_2$は大気中に排出せず、地下に戻します。グリーンは、再エネ電力を使って大量にある水を電気分解して水素を取り出します。

ＪＥＲＡでもブルーやグリーンの水素製造に乗り出していますが、そこで従来のＬＮＧのエクスパティーズ（専門ノウハウ）が非常に役立っています。私たちは、ＬＮＧのガス田開発から液化基地、船による輸送、トレーディング、そして発電所まで、すなわち、ＬＮＧの上流から下流までを幅広く手がけてきました。例えば、上流のガス田のサブサーフェス（地下構造）を調べる地質の専門チームがいまして、ＣＯ$_2$をガス田に戻す際にそのノウハウが役立つわけです。ガス田を持っているのはオイルメジャーや国営石油会社なのでＬＮＧで培ってきた彼らとの人間関係も大いに活用できますし、アンモニアの輸送船を仕立てるのにもＬＮＧ船の輸送チームが活躍してくれます。このように、ブルーの水素・アンモニアとＬＮＧのチームの親和性は非常に高く、さらに再エネにも力を入れているので、そのチームとグリーンの水素・アンモニアの親和性も当然高い。そういう戦略のフレームになっています。

Q　アンモニアの発電利用に関して、欧州などでは、石炭火力発電の延命策だという批判的な見方もあります。

アンモニアを石炭火力に入れると3年ぐらい前に発表したとき、周りからは大笑いされました。

特に欧州勢は、「本気でそんなことをやるの」といった反応でした。けれども、時間の経過とともに、周囲の反応も少しずつ変わっています。ＪＥＲＡの規模でやりますと言っているのだから、本気じゃないかとみんなが思い始め、アンモニアを生産する人たちが、私たちのドアをノックし始めたんです。

そこで、ＪＥＲＡでは世界で初めて燃料アンモニア買い付けの入札を実施しました。「提案依頼書」をつくって40社以上に配布し、世界中からプロジェクトの提案をもらいました。そうしたら、「どうして提案依頼書を送ってくれないのか」という会社も出てきて、結局１００社ぐらいとやり取りをしました。

この入札の特徴は、私たちがアンモニアを買うことだけではなく、生産プロジェクトに入れてもらうことも条件にしていることです。私たちがＬＮＧでやっているのと同じように、アンモニアでも、生産や輸送という上流から下流まで自分たちでバリューチェーンをつくろうとしているわけです。

その理由は二つあって、一つ目は、アンモニアは肥料の原料でもあり、肥料は食料生産に直結するので、境界をきっちりと分けて食料需給に影響を与えないようにしたいんですね。発電向けに使うとなるとそれに必要なアンモニアの量は桁違いに大きくなるはずなので、そうした配慮が欠かせません。

もう一つは、バリューチェーンの上流側が寡占化していると、超過利潤がそこに偏ってしまい、バリューチェーンの各セグメントでの投資がペイしにくくなってしまうからです。バリューチェーン上流による超過利潤の独占を排除できれば、アンモニアでつくった電気の料金を抑えることができて、アフォーダビリティを達成できます。だから、バリューチェーン全体に私たちが関与することで、超過利潤についてもコントロールできるようにしていきたいと思っています。

1年半ぐらい前から、欧州でもアンモニアを使おうという機運がだんだん高まってきていて、それは発電分野以外にも広がっています。

船を動かす燃料のことをバンカリングと言いますが、今はディーゼルエンジンなので燃料は重油です。海運業界では、脱炭素化をどう進めていくのか大議論になっているのですが、そのソリューションの一つがアンモニアなのです。航空機にＳＡＦ(持続可能な航空燃料)を混ぜるのと少し似ていますが、輸送向けの新燃料の需要は、設備の更新のペースに合わせてゆっくり伸びていきます。新しい燃料への需要拡大のペースはかなり遅い。ですから船の燃料のためだけにアンモニアのバリューチェーンをつくろうとしたら、投資回収までの期間が長すぎて、普通ならばなかなか投資できません。

私たちはアンモニアを発電用だけでなく、船の燃料にも提供するし、いろいろな産業の工場にも提供していく。つまり、マルチパーパスなんです。製造業では、蒸気や熱を利用するためにボイラーなどで重油を燃やしている工場も少なくありませんが、脱炭素化の筋道は見えていません。そうした小規模な需要のために、アンモニアのバリューチェーンをつくるのは現実的ではない。でも、私たちならば、そのようなところにもアンモニアを提供できます。発電所は工業地帯にあるので、私たちが調達したアンモニアを近隣の工場にも供給すれば、工場も脱炭素化できます。

ＪＥＲＡが目指しているのは、発電分野の脱炭素化にとどまらず、社会全体を脱炭素することなのです。こうした私たちの動きに、かつては批判的だった欧州勢も、関心を持つようになってきています。

Q 愛知県碧南市にある碧南火力発電所で、燃料アンモニア利用の実証実験を開始されましたね。

実際の商用発電機でのテストは世界初です。燃料の20％をアンモニアに転換する技術はほぼ完成し、現在は負荷変動をテストしています。次のステップとして、２０２０年代後半に燃料アンモニア20％での商用運転を目指します。

私たちが最先端のソリューションを提供すると言っているのは、なにも日本だけではありません。当然、アジアも視野に入っています。まず、米国のような先進的な地域でいろいろなトライアルをして、多数の発電機を持つマザーマーケットの日本では商用運転をしている発電機で実証実験を行い、その成果を日本だけでなくアジアの火力発電所にも展開していきます。中国やインドなどでは、現在も石炭火力発電所をハイピッチで建設しているので、私たちが脱炭素に貢献できる余地も非常に大きいでしょう。

アジアの脱炭素化において、サステナビリティとアフォーダビリティとスタビリティをバランスよく達成するには、石炭だけでなくＬＮＧもダメといっていたら、話は一歩も前に進みません。まずは、ＬＮＧと再生可能エネルギーをバランスよく導入することで、石炭を徐々に減らしていく。

そのうえで、火力の脱炭素を進めるのが効果的だと考えています。アンモニアや水素の発電での利用を技術的に確立できれば、現実に即した形で火力発電を脱炭素化していくことができます。

次の50年、世界の中心はどう考えてもアジアになります。だから、アジアで世界のエネルギー問題をきちんと解決しているというのが、私たちのミッション達成のうえでは非常に大きな目的になります。日本のCO_2の排出量は世界の約3％しかありませんが、アジアの排出量は世界の約6割を占めます。脱炭素化もサーキュラー化も、アジアを巻き込んで推進したほうが、世界に貢献できるわけです。

私たちは相手に入り込んで、複数のソリューションを提案し、脱炭素をともにリードしていくことを目指しています。これをエンゲージメントと言っています。ファイナンスの世界では、CO_2排出が多い企業から資金を引き揚げるダイベストメントが行われていますが、それは自分の庭にあったゴミ箱をとなりの庭に運んで「うちの庭がきれいになった」と喜んでいるだけです。社会全体を見れば、何の解決にもなっていません。

私たちがやろうとしているのはエンゲージメントなので、相手が石炭火力を持っていたら、あえてそこに入り込む。そして、LNGや再エネをバランスよく導入すると同時に、アンモニアや水素などさまざまなソリューションを提供して、脱炭素化を推進します。

Q 可児さんが脱炭素化を推進する原動力はどこにあるのですか。

脱炭素というのは、ものすごく危険な冒険なんですよね。私たちが利益を最優先にしようと思ったら、LNGのバリューチェーンだけをやっていればいいわけです。それならば投資してすぐに利益が上がります。けれども再エネの場合は、利益が出るのはずっと先です。最近、ノルウェーで、同国初の洋上風力発電プロジェクト（1・5ギガワット）を私たちのグループが受注しましたが、発電を開始してお金が入ってくるのは2030年ぐらいから。それまではずっとキャッシュがアウトしていきます。

水素・アンモニアのバリューチェーンづくりや、碧南火力発電所での燃料アンモニア利用の実証実験なども多額の投資が必要で、それに見合うリターンが本当にあるかどうかはわからない。だからといって、「じゃあやめますか」という話には絶対になりません。なぜなら、私たちには目指すべきミッションとビジョンがあるからです。冒険の目的地は変えません。

今年、米国でのエネルギー会議「CERAウィーク2024（エネルギー分野で活躍する産官学界の第一人者を招き、同分野における最新動向に関して情報交換を行う国際会議）」に出席し、ホストのダニエル・ヤーギンさんと対談したのですが、そのとき彼から、「その冒険というのは、例えるならばどんなことか？」と聞かれました。

私は、「未知のジャングルに足を踏み入れる感じだ」と答えました。暗くて、道もなくて、どんな危険に出くわすか予想もつかない。できれば入りたくない。でも、そのジャングルの先には、素晴らしい未来があると信じて入っていくわけですよ。でも、そこにたどり着くには、脱炭素という非常に大きな試練を乗り越えないといけない。

実は、子どものころ、イギリスの片田舎にあるボーディングスクールに通っていたのですが、クラスメートと授業を抜け出して、森の中で基地をつくったことがありました。みんなで基地をつくって遊んだら楽しいし、ワクワクしますよね。これが原体験かもしれません。脱炭素の旅にも似たところがあります。困難だけれど、それを乗り越えた先のことを考えるとワクワクします。そのワクワク感が原動力かもしれません。

Q この冒険を成功させる秘訣は何だと思いますか。

成功の最大の秘訣は、コラボレーションをうまくできるかどうか。未知のジャングルに入っていくのだから、ひとりで入るよりも誰かとチームを組んだほうが成功確率は格段に上がります。優秀なチームを組むにはポイントが二つあって、一つは社内の話です。優秀な人材がＪＥＲＡを選んで、残ってくれるかどうか。もう一つは、国内外のファーストティアのグローバルプレーヤーが、私たちをパートナーとして選んでくれるかどうか。ＪＥＲＡグループの経営者には、「私たちが相手を選ぶのではなくて、私たちが選ばれるかどうかが重要なんだ。そこを勘違いしないでほしい」とよく言っています。私たちが相手から選ばれて、コラボレーションできるところまで持っていけるかどうかがポイントなんです。

また、パートナーとうまくコラボレーションするために、決定的に大事なことがあります。それは、お互いのカルチャーが合うかどうかです。エネルギー事業の場合、一度大きな投資をしたら、その後30年も40年も関係が続く。ずっと一緒に旅をするのに、パートナーのカルチャーが例えばがんじがらめの縦社会だったら、一緒に仕事をしていて嫌になりますよね。私たちはパートナーとして選ばれるために、国籍も性別も年齢も何も関係なく、多様な人が集まって、みんなでアイデアを出し合い、ケミカルリアクションがあって、アイデアをものすごいスピードでアジャイルに回すフラットなカルチャーの組織を目指しています。

可児行夫氏（かに・ゆきお）

JERA会長グローバルCEO。1964年、東京都出身。青山学院大学経済学部卒業後、東京電力（現東京電力ホールディングス）入社。コロンビア大学経営学修士課程修了。2011年の東電福島第1原子力発電所の事故の後、原発事業を切り離した新会社の構想を当時の幹部に提案。それが15年のJERA発足につながった。16年JERA常務取締役に就任。副社長を経て23年4月から現職。

おわりに

半年くらい前から私の周りでは、「サステナビリティ疲れ」「投資家のＥＳＧ離れ」「ＥＳＧへの反動」といった話題がちらほらと出るようになった。例えば、米国では、公的投資においてＥＳＧの考えを入れないことを求める法律ができたり、化石燃料関連へのダイベストメント（資金・融資の引き揚げ）などを実施している企業やファンドに年金基金などが投資することを禁じる法案を可決したりと、いくつかの州で「反ＥＳＧ」の動きが強まっている。

実際、クライアント企業からも「ＩＲにおいて株主からサステナビリティ関連の質問が大幅に減った」「サステナビリティという言葉を使うことに否定的な株主が増えた」という声が聞かれるようになった。

今、この原稿を執筆している２０２４年6月27日、ジョー・バイデン大統領とドナルド・トランプ前大統領による米大統領選のテレビ討論会があった。放送後、多くのメディアがバイデン氏劣勢を伝えている。もし、トランプ氏が勝利すれば、米国では反ＥＳＧの動きがいっそう強まるかもしれない。だからこそ、サステナビリティ経営が、一時的なブームではなく、普遍的な経営テーマであることを根気よく伝え続けなければならないと、決意を新たにした。

私は『ＳＸの時代』（２０２１年）、『２０３０年のＳＸ戦略』（２０２２年）を通じて、共著者の坂野俊哉氏とともに、サステナビリティ・トランスフォーメーション（ＳＸ）が企業経営にとって中長期的に避けて通れない道だと主張してきた。その主張は受け入れられつつある一方で、今なお

SXを一時的な流行、流行りモノと捉えている風潮もある。この風潮を払拭し、サステナビリティ経営が避けられない道であることを、より構造的かつ具体的に示す必要性を私は痛感していた。そこで、今回、2年にわたって開発を続けてきた「採取と拡散フレームワーク」とサーキュラーエコノミーを軸に、企業が今後進むべき道筋を本書で詳しく紹介した。

すでに述べたように、「採取と拡散」というレンズを通すと、企業が直面している多種多様な環境課題が、すっきり簡潔に整理できる。そして、本書で示した「採取と拡散フレームワーク」によって、企業のバリューチェーンの各段階で、事業活動がさまざまな環境課題にどのような影響を及ぼしているのかを構造的に示すことができたと自負している。

行き過ぎた「採取と拡散」が、資源枯渇や環境汚染だけでなく、気候変動や生物多様性喪失の問題を引き起こす。

このフレームワークを使うことで、エネルギーやプラスチックの問題はC（炭素）、各種の鉱物の問題は各鉱物を構成する原子や分子、生物多様性喪失の問題はN（窒素）の「採取と拡散」の問題であることが見えてきた。特に、3番目の「生物多様性」の議論は始まったばかりであるうえ、窒素循環は因果関係が複雑で広範囲に及ぶため理解が難しい面があり、読者は少し戸惑ったかもしれない。しかし、窒素循環は、この数年以内に、脱炭素に負けず劣らず必ずメジャーなテーマになると予言しておこう。

文明の力（ハーバー・ボッシュ法）によって、それまで目の前にあっても使い道がなかった空気中の窒素を、食料の栄養のもととなる肥料に変えることができるようになり、人類は化学肥料を大量生産して食料を増産し、人口を増やすことができた。発明者の化学者ハーバーとボッシュの2人はノーベル賞を受賞したが、まさか自分たちの発明した技術が、後世の生物多様性喪失につながるとは思いもしなかっただろう。

私はサステナビリティの分野で25年にわたりキャリアを積んできたが、SXをどんどん突き詰めていくと、結局のところ「人間の幸せを、限られた地球環境の中で実現する」ことに行き着く。人間の幸せは、物質的豊かさだけがもたらすわけではないが、一定レベルの物質的豊かさが必要なこともまた真実だ。日本は少子化と人口減少に歯止めがかからないが、世界では、今後も人口は増え続ける。それに伴い消費ニーズも増大していくが、従来と同じように、大量の「採取と拡散」をベースにした大量生産、大量消費、大量廃棄という直線型経済（リニアエコノミー）で、それらを満たし続けることはもはやできない。

では、地球環境が限界を迎えるなかで、人類が物質的な豊かさを維持するためにどうすればよいのか。答えは、一つしかない。「採取と拡散」を極小化し、すでに使っている資源をぐるぐる回していく仕組みをつくる。つまり、ビジネスのサーキュラー化しか道はないということだ。残念ながら「サーキュラーエコノミー」はリサイクルのことだと誤解している人が多いが、本書を通じて、サーキュラー化がビジネス・経営の根幹そのものであることを理解していただけたと信じている。

* * *

大きな喪失感とともに、その知らせは突然やって来た。2023年7月、『SXの時代』『2030年のSX戦略』で執筆をともにした坂野俊哉氏が急逝された。

坂野氏とは2020年から3年間、二人三脚で日本企業にSXを推進して回った。本書で紹介した「採取と拡散フレームワーク」の原型ができあがったとき、誰よりも先にその価値を理解し、喜んでくれたのが坂野氏だった。最高に頭が切れる一流のコンサルタントである半面、社会的な成功に全く興味がなく、常に軽やかに、楽しいことを追い求めて生きてきた坂野氏は、仕事でも生き方のうえでも良い師だった。毎日、何時間も熱く議論し、知的刺激に満ちた3年だった。坂野氏のご冥福を心よりお祈りしたい。

坂野氏に加え、多くの方々の協力なしには本書を書き上げることはできなかった。「採取と拡散フレームワーク」をともに磨き上げてくれたPwC Japanグループの甲賀大吾氏、濱口勝匡氏に厚く感謝したい。また、本書の完成に力を貸してくれた安間匡明氏、齋藤隆弘氏、中島崇文氏、市來南海子氏、野口航一氏、須田あゆみ氏、井上マリア氏、岩本知加誉氏にも感謝を捧げたい。

磯貝友紀

注

はじめに

1. 視察時の議論や解説についてはPwC『山口周・磯貝友紀と探る欧州のサステナビリティ企業成長の鍵』参照。https://www.pwc.com/jp/ja/knowledge/video/sustainable-journey.html
2. PwC「世界の消費者意識調査2021（6月）」（2021年6月）https://www.pwc.com/jp/ja/knowledge/thoughtleadership/consumer-insights-survey/202106.html（2024年6月20日閲覧）
3. Hannah Ritchie, Veronika Samborska and Max Roser, “Plastic Pollution”; https://ourworldindata.org/plastic-pollution（2024年7月1日閲覧）

第1章　倫理資本主義の時代がやって来た

1. 坂野俊哉、磯貝友紀『2030年のSX戦略』（2022年、日経BP）pp.29-32、pp.38-41
2. マルクス・ガブリエル『つながり過ぎた世界の先に』（2021年、PHP研究所）p.33
3. マルクス・ガブリエル『なぜ世界は存在しないのか』（2018年、講談社）
4. マルクス・ガブリエル『世界史の針が巻き戻るとき』（2020年、PHP新書）p105、112、マルクス・ガブリエル『マルクス・ガブリエル　危機の時代を語る』（2020年、NHK出版）pp171-176
5. 坂野俊哉、磯貝友紀『SXの時代』（2021年、日経BP）pp.331-332
6. 日本生産性本部「労働生産性の国際比較2023」https://www.jpc-net.jp/research/assets/pdf/report2023.pdf（2024年6月21日閲覧）

第2章　必然としてのサーキュラー経営モデル

1. 公益社団法人日本WHO協会「世界保健機関（WHO）憲章とは」https://japan-who.or.jp/about/who-what/charter/（2024年5月31日閲覧）
2. 国際連合広報センター「世界人権宣言75周年」https://www.unic.or.jp/activities/international_observances/75th_humanrights/（2024年5月31日閲覧）
3. ウェルビーイング学会「Well-being Report Japan 2022」（2022年）https://society-of-wellbeing.jp/wp/wp-content/uploads/2022/09/Well-Being_report2022.pdf（2024年2月5日閲覧）
4. 内閣府「Well-beingに関する関係省庁の連携」（2021年）https://www5.cao.go.jp/keizai2/wellbeing/action/index.html（2024年5月31日閲覧）
5. 内閣府「Well-being関連の基本計画等のKPI」（2023年）https://www5.cao.go.jp/keizai2/wellbeing/action/202311/shiryou2.pdf（2024年5月31日閲覧）
6. Ellen MacArthur Foundation,"What is a circular economy" https://www.ellenmacarthurfoundation.org/topics/circular-economy-introduction/overview（2024年7月1日閲覧）をもとにPwC翻訳
7. IMF, “GDP, current prices” https://www.imf.org/external/datamapper/PPPGDP@WEO/WEOWORLD/JPN/SEQ/EU/IDN/KHM/SGP/THA/PHL/BRN/VNM/MYS/MMR/LAO（2024年6月6日閲覧）

第3章　必ず押さえておきたいSXの未来トレンド

1. A.P. Maersk, 2022, “Maersk Annual Sustainability Report 2021”; https://www.maersk.com/~/media_sc9/maersk/corporate/sustainability/files/resources/2021/maersk-sustainability-report_2021.pdf（2024年7月1日閲覧）、なお、マースクは2024年2月にSBT（Science Based Targets、科学的根拠に基づく目標）を設定し、全社的なGHG排出目標を更新した（2030年までに自社の事業活動から直接排出されるCO_2排

出量（スコープ1）を2022年比で35%削減、使用する電力（スコープ2）は100%再生可能エネルギー由来に、事業活動に関連する他社の排出（スコープ3）は2022年比で22%削減）。A.P. Moller - Maersk, 2023. "Maersk becomes first to have climate targets validated by SBTi under the new Maritime Guidance" ; https://www.maersk.com/news/articles/2024/02/09/maersk-is-first-to-have-climate-targets-validated-by-sbti-under-new-maritime-guidance（2024年5月31日閲覧）
2. A.P. Moller - Maersk, 2023. "Maersk secures green methanol for maiden voyage of the world's first methanol-enabled container vessel"; https://www.maersk.com/news/articles/2023/06/13/maersk-secures-green-methanol（2024年5月31日閲覧）
3. 著者による個別のヒアリングに基づく
4. A.P. Moller - Maersk, 2023. "Maersk signs landmark green methanol offtake agreement, significantly de-risking its low-emission operations in this decade" https://www.maersk.com/news/articles/2023/11/22/maersk-signs-landmark-green-methanol-offtake-agreement（2024年5月31日閲覧）
5. 著者による個別のヒアリングに基づく
6. NREP, 2021, "Nrep leading the race to net zero with pledge to fully decarbonise real estate portfolio by 2028"; https://nrep.com/news/nrep-leading-the-race-to-net-zero-with-pledge-to-fully-decarbonise-real-estate-portfolio-by-2028/（2024年5月31日閲覧）
7. NREP, https://nrep.com/project/railway-district/（2024年5月31日閲覧）
8. Philips, "Philips circular solutions to maximize lifetime value of an MRI system"; https://www.philips.com/c-dam/b2bhc/master/Products/Category/refurbished-systems/mobile-c-arm/philips-circular-economy-info.pdf（2024年7月1日閲覧）
9. Philips, 2022, "Leading the charge in making a change: How Philips' BlueSeal MRI magnet technology uses less helium to help patients receive quality, precision diagnosis"; https://www.philips.com/a-w/about/news/archive/standard/news/articles/2022/20221129-leading-the-charge-in-making-a-change-how-philips-blueseal-mri-magnet-technology-uses-less-helium-to-help-patients-receive-quality-precision-diagnosis.html（2024年5月31日閲覧）
10. Banpu NEXT, "ABOUT BANPU NEXT." https://www.banpunext.co.th/about-banpu-next/（2024年5月31日閲覧）
11. 味の素「Thai Farmer Better Life Partner」プロジェクト（タイ）キャッサバ農家の生産性向上と持続可能な農業への貢献」https://www.ajinomoto.co.jp/company/jp/activity/society/03/（2024年7月1日閲覧）
12. 林健太郎、柴田英昭、梅澤有『図説 窒素と環境の科学—人と自然のつながりと持続可能な窒素利用—』（2021年、朝倉書店）p.3
13. United Nations Department of Economic and Social Affairs, 2022. "A World of 8 Billion"; https://www.un.org/development/desa/pd/sites/www.un.org.development.desa.pd/files/undesa_pd_2022_pb_140.pdf（2024年5月31日閲覧）
14. Seprify, https://seprify.com/（2024年7月1日閲覧）
15. Qarbotech; https://www.qarbotech.com/（2024年5月31日閲覧）
16. Sync Pte Ltd., "Agritech startup Qarbotech lands USD 700,000 to bring unprecedented agriculture productivity to farmers around the world"https://syncpr.co/2023/12/12/qarbotech-lands-usd-700000-in-seed-funding/（2024年5月31日閲覧）
17. PUTRA SCIENCE PARK, 2021. "Glocalink Singapore invests in Qarbotech"https://sciencepark.upm.edu.my/news/glocalink_singapore_invests_in_qarbotech-64734（2024年5月31日閲覧）
18. THE WORLD BANK, "Poverty and Inequality Platform"; https://pip.worldbank.org/home（2024年4月25日閲覧）をもとにPwCで分析。ASEAN諸国は2024年4月時点ASEAN加盟国10カ国中、データのないカンボジア、シンガポール、ブルネイを除く7カ国の各国最新データをもとにした平均値（人口を加味した加重平均値）。欧州は2024年4月時点欧州評議会加盟国46カ国中、データのないリヒテンシュタイン、サンマリノ、アンドラ、モナコを除く42カ国の各国最新データをもとにした平均値（人口を加味した加重平均値）
19. （輸入量ー輸出量）/（その国の総排出量）。その国の排出量で割ることで、その国の経済活動における依存度を算出することができる。例えば、(輸入量ー輸出量)の絶対値が小さい国であっても、(輸入量ー輸出量)/(その国の総排出量)が大きい場合、その国は他国にCO_2を押し付けている度合いが高いことになる。
20. Australia's National Science Agency,2022."Material Flow Analysis and the State of Circularity in ASEAN Economies"; https://research.csiro.au/sruap/material-flow-analysis-and-the-state-of-circularity-in-asean-economies/(2024年5月31日閲覧)
21. The Circulate Initiative,2023."Mapping Local Plastic Recycling Supply Chains: Insights from Selected Cities in India, Indonesia, Thailand and Vietnam"; https://www.thecirculateinitiative.org/_files/ugd/77554d_253e784546ff4a6bbd110fd04c3f1d93.pdf(2024年5月31日閲覧)
22. The Jakarta Post, 2020."Stronger collaborations key to improving RI's lofty waste reduction goals"; https://www.thejakartapost.com/news/2020/12/04/stronger-collaborations-key-to-improving-ris-lofty-waste-reduction-goals.html(2024年5月31日閲覧)
23. ANANAS ANAM; https://www.ananas-anam.com/ (2024年5月31日閲覧)
24. Caterpillar, "2023 SUSTAINABILITY REPORT" https://www.caterpillar.com/en/company/sustainability/sustainability-report.html(2024年5月31日閲覧)
25. Caterpillar「再生がもたらす利点」https://www.caterpillar.com/ja/company/sustainability/remanufacturing/benefits.html(2024年5月31日閲覧)
26. Promotion Council North Sea Port, "Multi-million-euro project transforms CO2 into green raw material in North Sea Port" https://www.pc-nsp.com/en/news/375-multi-million-euro-project-transforms-co2-into-green-raw-material-in-north-sea-port (2024年6月6日閲覧)
27. ブリヂストン・タイヤ「お客様のニーズに応じて組み合わせできるトータルパッケージプラン(TPP)」https://tire.bridgestone.co.jp/tb/truck_bus/solution/business/ (2024年6月6日閲覧)
28. TransCap Initiative, 2023, "Intervention Universe, Nesting & Impact From Systems Map towards an Intervention Universe" https://transformation.capital/places/systemic-investing-leverage-point-validation-and-gap-analysis (2024年6月6日閲覧)

第4章 サーキュラー化への五つのステップ

1. 石油天然ガス・金属鉱物資源機構(JOGMEC)「令和4年度カーボンニュートラル実現に向けた鉱物資源需給調査」(2022年10月)https://mric.jogmec.go.jp/wp-content/uploads/2022/11/mineral_rsupply_survey_carbon_202211.pdf(2024年5月31日閲覧)
2. PwC「世界の消費者意識調査 2021」(2021年6月)https://www.pwc.com/jp/ja/knowledge/thoughtleadership/consumer-insights-survey/202106.html(2024年6月20日閲覧)
3. 政府広報オンライン「日本ASEAN友好協力50周年特別首脳会議及び関連行事の実施」(2024年1月) https://www.gov-online.go.jp/eng/publicity/book/hlj/html/202401/202401_08_jp.html(2024年5月31日閲覧)、外務省「日ASEAN友好協力に関する共同ビジョン・ステートメント2023 信頼のパートナー 実施計画(仮訳)」https://www.mofa.go.jp/files/100601230.pdf(2024年5月31日閲覧)
4. Matthew S. Savoca, Max F. Czapanskiy, Shirel R. Kahane-Rapport, William T. Gough, James A. Fahlbusch, K. C. Bierlich, Paolo S. Segre, Jacopo Di Clemente, Gwenith S. Penry, David N. Wiley, John Calambokidis, Douglas P. Nowacek, David W. Johnston, Nicholas D. Pyenson, Ari S. Friedlaender, Elliott L. Hazen & Jeremy A. Goldboge, 2021, "Baleen whale prey consumption based on high-resolution foraging measurements" https://www.nature.com/articles/s41586-021-03991-5(2024年5月31日閲覧)
5. 経済産業省資源エネルギー庁「アンモニアが"燃料"になる?!〜身近だけど実は知らないアンモニアの利用先」(2021年1月)https://www.enecho.meti.go.jp/about/special/johoteikyo/ammonia_01.html(2024年5月31日閲覧)
6. UNEP, 2021, "FOOD WASTE INDEX REPORT 2021" ; https://www.unep.org/resources/report/unep-food-waste-index-report-2021(2024年6月22日閲覧)

7. 林健太郎、柴田英昭、梅澤有『図解 窒素と環境の化学—人と自然のつながりと持続可能な窒素利用—』(2021年、朝倉書店)p.3
8. 新エネルギー・産業技術総合開発機構「『NEDO WEB MAGAZINE、Focus NED79号』窒素化合物を回収、資源転換、無害化する技術の開発」(2021年4月)https://webmagazine.nedo.go.jp/pr-magazine/focusnedo79/sp1-4.html(2024年6月6日閲覧)
9. World Water Resources at the Beginning of 21st Century, UNESCO, 2003; https://catdir.loc.gov/catdir/samples/cam034/2002031201.pdf(2024年6月22日閲覧)
10. UN Water, 2021, "Summary Progress Update 2021: SDG 6 — water and sanitation for all"; https://www.unwater.org/sites/default/files/app/uploads/2021/12/SDG-6-Summary-Progress-Update-2021_Version-July-2021a.pdf(2024年6月20日閲覧)
11. Food and Agriculture Organization, "AQUASTAT"; https://data.apps.fao.org/aquastat/?lang=en(2024年6月20日閲覧)
12. FAO and UN Water. 2021. Progress on Level of Water Stress. Global status and acceleration needs for SDG Indicator 6.4.2, 2021. Rome; https://doi.org/10.4060/cb6241en(2024年6月20日閲覧)、国土交通省「令和5年版　日本の水資源の現況」(2024年1月)https://www.mlit.go.jp/mizukokudo/mizsei/mizukokudo_mizsei_fr2_000050.html(2024年6月22日閲覧)
13. 環境省; https://www.env.go.jp/water/virtual_water/(2024年5月31日閲覧)

第5章　業界別に見るサーキュラーフレームワーク

1 エネルギー業界

1. BP,2021."Statistical Review of World Energy 2021"; https://www.bp.com/content/dam/bp/business-sites/en/global/corporate/pdfs/energyeconomics/statistical-review/bp-stats-review-2021-full-report.pdf(2024年5月31日閲覧)
2. 三菱重工「世界初の洋上用CO2回収装置検証プロジェクトで排ガスからのCO2分離・回収に成功　三菱造船、回収CO2純度99.9%以上と計画通りの性能を達成」(2021)https://www.mhi.com/jp/news/211020.html(2024年5月31日閲覧)
3. 産業技術総合研究所「燃焼排ガス中の窒素酸化物を資源化する触媒材料」(2023年1月)https://www.aist.go.jp/aist_j/new_research/2023/nr20230131/nr20230131.html(2024年5月31日閲覧)
4. ユーグレナ「ユーグレナ、PETRONAS、Eniの3社、マレーシアにおけるバイオ燃料製造プラントの建設・運営プロジェクトを共同検討」(2022年12月)https://www.euglena.jp/news/20221214-2/(2024年5月31日閲覧)
5. Amazon, "Driving Climate Solutions"; https://sustainability.aboutamazon.com/climate-solutions(2024年5月31日閲覧)
6. Amazon,「Amazonが新たに低炭素化技術を専門とする企業を支援」(2021年11月)https://www.aboutamazon.jp/news/sustainability/amazon-backs-new-companies-focused-on-low-carbon-technology(2024年5月31日閲覧)

2 自動車業界

7. IEA, "Tracking Clean Energy Progress 2023":https://www.iea.org/reports/tracking-clean-energy-progress-2023(2024年6月2日閲覧)
8. American Chemistry Council, 2024, "Chemistry and Automobiles" https://plasticmakers.org/wp-content/uploads/2023/02/Chemistry-and-Automobiles-2024.pdf (2024年5月31日閲覧)
9. Amelia Doran, "Reinventing the Tyre: using new materials to prevent pollution"; https://wp.lancs.ac.uk/bls-student-blog/2021/06/08/reinventing-the-tyre-using-new-materials-to-prevent-pollution-amelia-doran/(2024年5月31日閲覧)
10. 同上

11. 同上
12. Claudio Carbone, Daniele Ferrario, Andrea Lanzini, Vittorio Verda, Alessandro Agostini, Stefano Stendardo, "Calcium looping in the steel industry: GHG emissions and energy demand", International Journal of Greenhouse Gas Control, Volume 125, May 2023
13. Water Footprint Calculator, 2022, "The Hidden Water in Everyday Products" https://watercalculator.org/footprint/the-hidden-water-in-everyday-products/ (2024年5月31日)
14. 国土交通省、2024年「令和5年版 日本の水資源の現況」https://www.mlit.go.jp/mizukokudo/mizsei/content/001737484.pdf (2024年5月31日)
15. Earth.Org, "The Environmental Impact of Battery Production for Electric Vehicles"; https://earth.org/environmental-impact-of-battery-production/(2024年5月31日閲覧)
16. 同上
17. 同上
18. Volvo Car Japan「ボルボ・カーズ、中国の成都工場で再生可能電力使用率100%を達成」(2020年6月) https://jp.volvocars.com/pressrelease/2020-06-05-02/(2024年5月3日閲覧)、「ボルボ・カーズのトースランダ工場、クライメート・ニュートラル達成」(2021年5月) https://jp.volvocars.com/pressrelease/2021-05-27/(2024年6月26日閲覧)
19. Tesla, "Impact Report 2022"; https://www.tesla.com/ns_videos/2022-tesla-impact-report.pdf (2024年5月3日閲覧)
20. Mercedes-Benz, "Innovative materials for sustainable luxury"; https://group.mercedes-benz.com/responsibility/sustainability/resources/sustainable-materials.html(2024年5月5日閲覧)
21. BMWグループ「2億トン超:BMWグループ、2030年までの意欲的なCO2排出量削減目標を設定」(2021年12月) https://www.press.bmwgroup.com/japan/article/detail/T0333190JA/(2024年5月3日閲覧)
22. Caterpillar, "2023 SUSTAINABILITY REPORT" https://www.caterpillar.com/en/company/sustainability/sustainability-report.html(2024年5月31日閲覧)
23. Caterpillar「再生がもたらす利点」https://www.caterpillar.com/ja/company/sustainability/remanufacturing/benefits.html(2024年5月31日閲覧)
24. Volvo「サステナビリティ」https://www.volvocars.com/jp/v/sustainability/highlights(2024年5月31日閲覧)
25. EU, "Proposal for a Regulation on circularity requirements for vehicle design and on management of end-of-life vehicles"; https://environment.ec.europa.eu/publications/proposal-regulation-circularity-requirements-vehicle-design-and-management-end-life-vehicles_en(2024年5月31日閲覧)
26. BMW Group, "THE BMW GROUP SUSTAINABILITY STRATEGY RESTS ON THESE SIX PILLARS"; https://www.bmwgroup.com/en/news/general/2022/Sustainability360.html(2024年5月31日閲覧)
27. Mercedes-Benz, "Luxury of the future: Mercedes-Benz conserves resources and uses sustainable materials"; https://media.mbusa.com/releases/luxury-of-the-future-mercedes-benz-conserves-resources-and-uses-sustainable-materials(2024年5月31日閲覧)
28. Tesla, "Impact Report 2022"; https://www.tesla.com/ns_videos/2022-tesla-impact-report.pdf(2024年5月31日閲覧)
29. 資源エネルギー庁「合成燃料(e-fuel)の導入促進に向けた官民協議会2023年 中間とりまとめ」(2023年6月) https://www.meti.go.jp/shingikai/energy_environment/e_fuel/pdf/2023_chukan_torimatome.pdf (2024年5月31日閲覧)
30. トヨタ自動車「出光とトヨタ、バッテリーEV用全固体電池の量産実現に向けた協業を開始」(2023年10月) https://global.toyota/jp/newsroom/corporate/39898897.html(2024年5月31日閲覧)
31. NIO, Newsroom, "NIO Launches Battery as a Service"; https://www.nio.com/news/nio-launches-battery-service(2024年5月31日閲覧)
32. Nikkei Asia, "Honda-backed Israeli startup to use nuclear fusion to power EVs", January 9, 2024; https://asia.nikkei.com/Business/Energy/Honda-backed-Israeli-startup-to-use-nuclear-fusion-to-power-EVs(2024年5月31日閲覧)

33. KINTO第5期決算公告(2023年6月30日発表)
34. NIO, 2021 "The Current State of EV Battery Swapping" https://www.nio.com/blog/current-state-ev-battery-swapping (2024年6月4日閲覧)
35. NIO, 2021 "NIO Inc. Provides December, Fourth Quarter and Full Year 2020 Delivery Update" https://ir.nio.com/news-events/news-releases/news-release-details/nio-inc-provides-december-fourth-quarter-and-full/ (2024年6月4日閲覧)

3 食品・飲料業界

36. United Nations, 2021, "New FAO analysis reveals carbon footprint of agri-food supply chain"; https://news.un.org/en/story/2021/11/1105172(2024年5月31日閲覧)
37. 財務省「貿易統計」(品別国別表内、HSコード1511) https://www.customs.go.jp/toukei/info/ (2024年6月4日閲覧)、および、総務省統計局「人口推計(2023年(令和5年)12月確定値、2024年(令和6年)5月概算値)(2024年5月20日公表)」https://www.stat.go.jp/data/jinsui/new.html (2024年6月4日閲覧)よりPwC分析
38. UNESCO, "UN World Water Development Report 2022"; https://www.unesco.org/reports/wwdr/2022/en/agriculture(2024年5月31日閲覧)
39. UN-Water, 2023, "Water, Food and Energy"; https://www.unwater.org/water-facts/water-food-and-energy(2024年5月31日閲覧)
40. European Enviroment Agency, 2019, "Gross nitrogen balance in Europe by country"; https://www.eea.europa.eu/data-and-maps/daviz/gross-nitrogen-balance-by-country-1#tab-chart_3(2024年5月31日閲覧)
41. RIVM, 2024, "Nitrogen and nature approach shows progress towards 2030, but targets are out of reach"; https://www.rivm.nl/en/news/nitrogen-and-nature-approach-shows-progress-towards-2030-but-targets-are-out-of-reach(2024年7月1日閲覧)、RIVM, "Nitrogen and PFAS suddenly big societal issues in the Netherlands"; https://www.rivm.nl/en/newsletter/content/2020/issue1/nitrogen-pfas-in-NL(2024年7月1日閲覧)
42. 農研機構「国内外における食の窒素投入・排出の実態と国連SDGsに沿った窒素負荷削減予測」(2018年) https://www.naro.go.jp/project/results/4th_laboratory/niaes/2018/niaes18_s16.html(2024年5月31日閲覧)
43. One Earth, 2024, "Regenerative Agriculture can play a key role in combating climate change"; https://www.oneearth.org/regenerative-agriculture-can-play-a-key-role-in-combating-climate-change/(2024年5月31日閲覧)
44. IFC, "IFC PROJECT INFORMATION & DATA PORTAL Jain Irrigation Systems Ltd."; https://www.jains.com/Company/news/PDF/IFC%20Broucher.pdf(2024年5月31日閲覧)
45. WWF, "Driven to Waste: Global food loss on farms, report summary, July 2021; https://wwfint.awsassets.panda.org/downloads/driven_to_waste_summary.pdf(2024年5月31日閲覧)
46. Planet; https://www.planet.com/markets/monitoring-for-precision-agriculture/(2024年5月31日閲覧)
47. Lawrence Aula, Peter Omara, Eva Nambi, Fikayo B. Oyebiyi. And William R. Raun, "Review of Active Optical Sensors for Improving Winter Wheat Nitrogen Use Efficiency"; https://doi.org/10.3390/agronomy10081157(2024年5月31日閲覧)
48. 味の素グループ「バイオスティミュラントについて」https://agritecno-japan.com/pages/biostimulant (2024年5月31日閲覧)
49. Government offices of Sweden, Ministry of the Environment, Nov 11, 2022, "Sweden's Methane Action Plan"; https://www.government.se/contentassets/303c37911a6c4a9a895c3b4049b8ee9b/swedens-methane-action-plan---mapping-of-swedens-methane-emissions-projections-policies-and-measures.pdf(2024年5月31日閲覧)
50. Casasso A., Panepinto D., Zanetti M., "Economic viability and greenhouse gas(GHG)budget of the biomethane retrofit of manure-operated biogas plants: A case study from Piedmont, Italy", Sustainability 2021, 13(14), 7979; https://iris.polito.it/handle/11583/2923154(2024年5月31日閲覧)

51. 農林水産省「下水汚泥資源の肥料利用シンポジウム 資料2『水汚泥資源の肥料利用に向けた動きについて』」(2023年8月) https://www.maff.go.jp/j/shokusan/biomass/attach/pdf/230808_8-19.pdf (2024年5月31日閲覧)
52. Nestlé, 2023, "Creating Shared Value and Sustainability Report 2023"; https://www.nestle.com/sites/default/files/2024-02/creating-shared-value-sustainability-report-2023-en.pdf (2024年5月31日閲覧)
53. 坂野俊哉、磯貝友紀『2030年のSX戦略』(2022年、日経BP) pp.160-163
54. サントリー「再生農業により生産された麦芽用大麦の調達に向けた取り組みを開始」(2022年11月) https://www.suntory.co.jp/news/article/14274.html (2024年5月31日閲覧)
55. WRAP, "Food Waste Reduction Roadmap"; https://wrap.org.uk/taking-action/food-drink/initiatives/food-waste-reduction-roadmap (2024年5月31日閲覧)
56. Jennifer Warnick, "AI for humanity: How Starbucks plans to use technology to nurture the human spirit", Starbucks' Stories & News, Jan 10, 2020; https://stories.starbucks.com/stories/2020/how-starbucks-plans-to-use-technology-to-nurture-the-human-spirit/ (2024年5月31日閲覧)
57. マイクロソフト「テクノロジを駆使してお客様とのパーソナルなつながりを構築するスターバックス」(2019年5月13日) https://news.microsoft.com/ja-jp/2019/05/13/starbucks-turns-to-technology-to-brew-up-a-more-personal-connection-with-itscustomers/ (2024年5月31日閲覧)
58. エフピコ「エフピコ方式のリサイクル」https://www.fpco.jp/esg/environmenteffort/fpco_recycle.html (2024年5月31日閲覧)、エフピコ「発泡スチロール製トレーのリサイクル」https://www.fpco.jp/esg/environmenteffort/fpco_recycle/tray.html (2024年5月31日閲覧)
59. Nestle, 2020, "Nestlé intensifies its sustainable packaging transformation journey.", https://www.nestle.com/media/pressreleases/allpressreleases/nestle-sustainable-packaging-transformation-journey (2024年5月31日閲覧)
60. 味の素「インドネシア味の素社、伝統市場にて官民連携によるプラスチックごみ回収&リサイクルの取り組みスタート」(2023年1月) https://topics.ajinomoto.co.jp/assets_topics/pdf/0de9bddce42e7a859c425f63f7bacd73_1.pdf (2024 年5月31日閲覧)
61. Circulate Capital; https://www.circulatecapital.com/investments/ (2024 年5月31日閲覧)

4 化学業界

62. Business Research Insights, May 6, 2024, "Green Methanol Market Size, Share, Growth, And Industry Analysis By Type (Waste Sourced, By-Product Sourced, and Others) By Application (Gasoline Blending, Bio-diesel, and Others), Regional Forecast To 2031"; https://www.businessresearchinsights.com/market-reports/green-methanol-market-104559 (2024年5月31日閲覧)
63. PMV, "North-C-Methanol project : hydrogen for a climate-neutral economy"; https://www.pmv.eu/en/case/north-c-methanol-project-hydrogen-for-a-climate-neutral-economy/ (2024年5月31日閲覧)
64. エフピコ「エフピコ方式のリサイクル」https://www.fpco.jp/esg/environmenteffort/fpco_recycle.html (2024年5月31日閲覧)、エフピコ「発泡スチロール製トレーのリサイクル」https://www.fpco.jp/esg/environmenteffort/fpco_recycle/tray.html (2024年5月31日閲覧)
65. Cassava Bags Australia, Feb 8, 2022, "Cassava Bags Australia launches world's first truly biodegradable single-use bag and liner products"; https://cassavabagsaustralia.com.au/blogs/news/cassava-bags-australia-launches-world-s-first-truly-biodegradable-single-use-bag-and-liner-products (2024年5月12日閲覧)
66. BOBST「持続可能な包装の歴史的瞬間:BOBSTとパートナーがK 2022でoneBARRIERを発表しました」(2022年10月20日) https://www.bobst.com/jpjp/%E3%82%B5%E3%82%B9%E3%83%86%E3%83%8A%E3%83%93%E3%83%AA%E3%83%86%E3%82%A3/%E8%A9%B3%E7%B4%B0/article/1666172771-%E6%8C%81%E7%B6%9A%E5%8F%AF%E8%83%BD%E3%81%AA%E5%8C%85%E8%A3%85%E3%81%AE%E6%AD%B4%E5%8F%B2%E7%9A%84%E7%9E%AC%E9%96%93bobst%E3%81%A8%E3%83%91%E3%83%BC%E3%83%88%E3%83%8A%E3%83%BC%E3%81%8Ck-2022%E3%81%A7onebarrier%E3%82

%92%E7%99%BA%E8%A1%A8%E3%81%97%E3%81%BE%E3%81%97%E3%81%9F/（2024年5月31日閲覧）

67. Berry Global, Oct 25, 2022, "Berry Global and Printpack Collaborate for Sustainable Flexible Packaging"; https://www.berryglobal.com/en/news/articles/berry-global-and-printpack-collaborate-for-sustainable-flexible-packaging（2024年5月31日閲覧）
68. 新宅有太『高信頼性炭化水素系補強電解質膜の低コスト・革新的生産技術開発』（NEDO水素・燃料電池成果報告会2022、2022年7月28日）https://www.nedo.go.jp/content/100950413.pdf（2024年5月31日閲覧）
69. 旭化成「イオン交換膜Aciplex™」https://www.asahi-kasei.co.jp/salt-electrolysis/jp/aciplex.html（2024年5月31日閲覧）
70. Chemours「Nafion™（ナフィオン™）膜—お客様に適したフロー電池技術」https://www.chemours.com/ja/-/media/files/nafion/nafion-flow-battery-brochure.pdf?la=ja&rev=25967f3b953b41368d077316f9bfb943（2024年5月31日閲覧）
71. Apple, 2020, 「Apple、2030年までにサプライチェーンの100%カーボンニュートラル達成を約束」https://www.apple.com/jp/newsroom/2020/07/apple-commits-to-be-100-percent-carbon-neutral-for-its-supply-chain-and-products-by-2030/（2024年6月5日閲覧）

著者紹介

磯貝友紀（いそがい・ゆき）

PwC Japanグループ サステナビリティ・センター・オブ・エクセレンス リード・パートナー。PwCサステナビリティ合同会社。2003年より、民間企業や政府機関、国際機関にて、東欧、アジア、アフリカにおける民間部門開発、日本企業の投資促進を手がける。日本企業のサステナビリティビジョン・戦略策定、サステナビリティ・ビジネス・トランスフォーメーションの推進、サステナビリティリスク管理の仕組み構築、途上国における社会課題解決型ビジネス支援やサステナブル投融資支援を実施。金融機関の気候変動リスク・機会の評価や気候変動関連の情報開示支援業務を多数経験。著書に『SXの時代』『2030年のSX戦略』（共著、日経BP）。

PwC Japanグループ

PwC Japanグループは、日本におけるPwCグローバルネットワークのメンバーファームおよびそれらの関連会社の総称です。各法人は独立した別法人として事業を行っています。複雑化・多様化する企業の経営課題に対し、PwC Japanグループでは、監査およびブローダーアシュアランスサービス、コンサルティング、ディールアドバイザリー、税務、そして法務における卓越した専門性を結集し、それらを有機的に協働させる体制を整えています。また、公認会計士、税理士、弁護士、その他専門スタッフ約1万1500人を擁するプロフェッショナル・サービス・ネットワークとして、クライアントニーズにより的確に対応したサービスの提供に努めています。

サステナビリティ・センター・オブ・エクセレンス

サステナビリティ・センター・オブ・エクセレンスは、PwC Japanグループにおいて、企業のサステナビリティ経営へのトランスフォーメーションを総合的に支援するチームです。サステナビリティ経営やサステナビリティ投資に関する経営アジェンダへの関心が急速に高まる今、環境価値、社会価値と経済価値をトレードオフではなく両立可能なトレードオンにしていくことを目指し、さまざまなサービスを提供していきます。

必然としてのサーキュラービジネス

「利益」と「環境」を両立させる究極のSX

2024年7月29日　第1版第1刷発行

著者	磯貝友紀（PwC Japanグループ）
発行者	中川ヒロミ
発行	株式会社日経BP
発売	株式会社日経BPマーケティング 〒105-8308 東京都港区虎ノ門4-3-12
ブックデザイン	小口翔平＋後藤司＋稲吉宏紀（tobufune）
DTP・制作	河野真次
編集担当	沖本健二
印刷・製本	中央精版印刷株式会社

ISBN 978-4-296-00202-3
Printed in Japan

本書籍に関するお問い合わせ、ご連絡は下記にて承ります。
https://nkbp.jp/booksQA